标准韩国语丛书
北京大学规划教材

标准 韩国语

第三册
第7版

北京大学、复旦大学、对外经济贸易大学、
延边大学等25所大学《标准韩国语》教材编写组共同编写

安炳浩 张 敏 孙鹤云 修订

北京大学出版社
PEKING UNIVERSITY PRESS

图书在版编目(CIP)数据

标准韩国语.第三册/安炳浩,张敏,孙鹤云修订.—7版.—北京:北京大学出版社,2018.3
(标准韩国语丛书)
ISBN 978-7-301-28083-6

Ⅰ.标… Ⅱ.①安… ②张… ③孙… Ⅲ.①朝鲜语 – 教材 Ⅳ.① H55

中国版本图书馆 CIP 数据核字（2017）第 026357 号

书　　名	标准韩国语　第三册（第 7 版）
	BIAOZHUN HANGUOYU
著作责任者	安炳浩　张敏　孙鹤云　修订
责任编辑	刘　虹
标准书号	ISBN 978-7-301-28083-6
出版发行	北京大学出版社
地　　址	北京市海淀区成府路 205 号　100871
网　　址	http://www.pup.cn　新浪微博：@北京大学出版社
电子信箱	554992144@qq.com
电　　话	邮购部 62752015　发行部 62750672　编辑部 62754382
印 刷 者	北京宏伟双华印刷有限公司
经 销 者	新华书店
	787 毫米 ×1092 毫米　16 开本　11.5 印张　292 千字
	1996 年 9 月第 1 版　1999 年 9 月第 2 版　2002 年 8 月第 3 版
	2012 年 5 月第 4 版　2015 年 9 月第 5 版　2016 年 9 月第 6 版
	2018 年 3 月第 7 版　2018 年 11 月第 2 次印刷
定　　价	63.00 元

未经许可，不得以任何方式复制或抄袭本书之部分或全部内容。
版权所有，侵权必究
举报电话：010-62752024　电子信箱：fd@pup.pku.edu.cn
图书如有印装质量问题，请与出版部联系，电话：010-62756370
本书采用出版物版权追溯防伪凭证，读者可通过手机下载 APP 扫描封底二维码，或者登录互联网查询产品信息。

韩国语教科书编纂委员会

顾　　问：	季羡林	北京大学　前副校长		姜英勋	大韩赤十字社　前总裁
	金俊烨	韩国社会科学院　前理事长		金命润	韩国国会　议员
	李寿成	首尔大学　前校长		朴文一	延边大学　前校长
	洪一植	高丽大学　前校长		宋梓	明知大学　前校长
委员长：	吴树青	北京大学			
副委员长：	郝斌	北京大学		金锡得	延世大学
	郑判龙	延边大学		安炳浩	北京大学
编纂室长：	李宗灿	延边大学			

监修委员

姜信道	对外经济贸易大学	金敏洙	高丽大学	南广祐	韩国语文会
安秉禧	首尔大学	叶奕良	北京大学	崔允甲	延边大学
郑光	高丽大学	李世龙	解放军外国语学院	崔应九	北京大学
许雄	한글学会	许维翰	北京语言大学	杨通方	北京大学

编纂委员

姜东烨	江原大学	姜信沉	成均馆大学	姜银国	复旦大学
权宁珉	首尔大学	祁庆富	中央民族大学	金景一	北京大学
金光海	首尔大学	金顺花	丹东师范大学	金海守	延边大学
金虎雄	延边大学	金焕玑	黑龙江大学	金勋	江原大学
南基心	延世大学	南丰铉	檀国大学	苗春梅	北京外国语大学
文日焕	中央民族大学	闵英兰	山东大学威海分校	朴甲洙	首尔大学
朴钟锦	中央民族大学	朴钟仁	中国海洋大学	朴荣顺	高丽大学
史进	山东师范大学	徐永燮	中央民族大学	徐永彬	对外经济贸易大学
成光秀	高丽大学	成耆彻	首尔市立大学	辛宝忠	哈尔滨师范大学
苏在英	崇实大学	孙启林	东北师范大学	芮创海	韩国外国语大学
王绿平	重庆大学	刘志东	辽宁大学	牛林杰	山东大学
尹仙花	黑龙江大学	李敦柱	全南大学	李得春	延边大学
李芳	天津外国语大学	李奭周	首尔大学	李先汉	北京大学
李成道	山东大学	李永夏	东北师范大学	李仁燮	首尔女子大学
李正子	青岛大学	李周行	韩国中央大学	李慧淳	梨花女子大学
林从纲	大连外国语大学	任洪彬	首尔大学	张光军	解放军外国语学院
张敏	北京大学	张培德	上海外国语大学	全学锡	延边大学
郑在皓	高丽大学	周宾	北京语言大学	曹中屏	南开大学
千素英	水原大学	崔明植	延边大学	崔成德	吉林大学
崔宰宇	中央民族大学	崔昌烈	全北大学	太平武	中央民族大学
韩振乾	北京大学	洪思满	庆北大学	洪宗善	高丽大学

责任校正

金京善	北京外国语大学	金贞淑	高丽大学	艾宏歌	国家教育委员会
杨金成	东北大学	刘春兰	南开大学	王丹	北京大学
李春姬	吉林大学	周彪	山东师范大学	刘虹	北京大学出版社

第7版序言

中韩两国建交以来，我国的韩国语教学取得了惊人的发展。两国建交之初，我国教授韩国语的大学屈指可数。如今，我国已经有近200所大专院校开设了韩国语学科，教授韩国语。尽管如此，韩国语人材的培养还是不能够满足日益增长的社会需求。在中国，韩国语和英语一样，已成为最受人们欢迎的外国语之一。随着韩国语教学在全国的普遍展开以及各大专院校制定的韩国语培养计划和目标，国内期待编撰出版更新、更高水准的韩国语教材。

《标准韩国语》是1992年中韩建交后中国编撰出版的第一套韩国语教材。当时，国内各大专院校为开展韩国语教学，急需一套标准的韩国语教材。为了满足这一需要，当时的北京大学朝鲜语教研室主任安炳浩教授和副主任张敏副教授牵头，组织国内25所著名大学韩国语专业的教师一起商讨，听取了大家的建议，编写了《标准韩国语》（一、二、三册），作为韩国语基础教材。1996年9月，《标准韩国语》由北京大学出版社第一次出版发行。此后，《标准韩国语》成为各大专院校韩国语专业广泛采用的教科书，一直备受广大教师和学生的欢迎。

《标准韩国语》教材虽然在语言教学的科学性和实用性方面有很多长处，但由于该教材自首次出版至今已过去了20多年的时间，其间，韩国语本身在语言规范化等方面有了新的变化，加之这套教材在排版过程中也存在着一些缺陷，因此，《标准韩国语》的主要编纂人员在听取各校广大师生意见的基础上，对该教材进行了修订。修订工作本着语言的规范化和适用性原则，重新选择确定了21世纪常用韩国语基础词汇和语法句型，适当调整了原有课文和练习内容；以逐步提高学生韩国语实用能力为目的，循序渐进地排列了语音、词汇、语法的教学程序；为了体现教材的趣味性，还增添了一些表格、图片和歌曲，并配置了韩国专家录制的专业的录音。学习者可扫描书中每课相应位置的二维码听取录音。除修订的《标准韩国语》教材外，修订者还修订了相应的同步练习册——《标准韩国语第7版同步练习册》，里面附有练习题的标准答案（为方便教学，原附在教科书里的"参考答案"也移至《同步练习册》里），添加了更加丰富的练习题和补充读物，以及与《韩国语能力测试》初、中级水平相应的考试练习题，用以辅助学习《标准韩国语》（第7版）教材。

21世纪是文化多样化的时代，多掌握一门外语就如同多打开一扇进入世界文化知识宝库的大门。我们衷心希望这套《标准韩国语》（第7版）教材，能够帮助学习者尽快掌握韩国语，以扎实的韩国语言功底去施展才华，实现抱负！

北京大学教授　安炳浩
2017年12月1日

目录 차례

第 1 课　　自我介绍　자기소개 ·· 1

第 2 课　　天气预报　일기예보 ·· 10

第 3 课　　家事　집안일 ··· 19

第 4 课　　长江，中国的母亲河　장강, 중국 최고의 젖줄 ·················· 29

第 5 课　　兴趣与业余活动　취미와 여가 활동 ································ 37

文化阅读1　상부상조의 전통 ··· 46

第 6 课　　物品交换　물건 교환 ··· 47

第 7 课　　韩国的节日　한국의 명절 ··· 56

第 8 课　　结婚　결혼 ·· 64

第 9 课　　招待与访问　초대와 방문 ··· 73

第 10 课　　压力与疾病　스트레스와 병 ··· 81

文化阅读2　빨간날과 공휴일 ··· 90

第 11 课　　纸巾与糖　휴지와 합격엿 ··· 91

第 12 课　　智能手机与社交网络服务　스마트폰과 SNS ···················· 100

第 13 课　　外貌　외모 컴플렉스 ··· 109

第 14 课　　运动　운동 ·· 118

第 15 课　　申师任堂　신사임당 ·· 127

文化阅读3　한곡 화폐 속 위인들 ··· 135

1

第 16 课	首尔　서울	136
第 17 课	丝绸之路——东西文明的桥梁 실크로드——동서문명의 가교	144
第 18 课	就业难与待业　취업난과 백수	151
第 19 课	兴夫与游夫　흥부와 놀부	161
第 20 课	环境问题　환경 문제	167
文化阅读4	한국인과 호랑이	176

第1课　自我介绍　자기소개

(1)

왕　단: 지영 씨는 혼자 자취를 하는 걸 보면 지방에서 왔나 봐요.
이지영: 네, 경상북도 안동이 제 고향이에요. 고등학교를 졸업할 때까지 거기서 살았어요.
왕　단: 예전에 보니 경상도 사람들은 사투리가 심하던데…… 지영 씨는 사투리를 거의 안 쓰네요.
이지영: 물론 처음에는 저도 사투리가 심해 힘들었어요. 정말 많이 노력했더니 지금은 그래도 많이 좋아졌어요.
왕　단: 그래요? 그러면 부모님께서는 지금도 고향에 계세요?
이지영: 네, 동생들도 안동에서 학교를 다니고 있어요.
왕　단: 그런데, 지영 씨는 요즘 도서관에서 살다시피 하는 것 같아요. 무슨 일로 그렇게 열심히 하세요?
이지영: 네, 사실은 요즘 취직 준비를 하느라고 눈코 뜰 새가 없어요.
왕　단: 어느 방면으로 취직할 생각이에요?
이지영: 저는 전공을 살려 무역회사에 취직하려고 해요.
왕　단: 네, 그렇군요. 그런데 요즘은 취직하기가 쉽지 않다면서요?
이지영: 네, 취직이 점점 더 어려워지는 것 같아요. 그래서 저도 요즘 새벽에는 영어 회화 학원에 다니고, 밤에는 컴퓨터 학원에서 이런저런 자격증 공부를 하고 있어요.

(2)
　여러분들은 한국인을 만나 인사를 나눠 본 경험이 있습니까? 이런 경험을 한 외국인 중에는 한국인들이 초면에 너무 사적인 질문을 하는 바람에 당황한 경우가 많다고 합니다.
　한국인들은 처음 만난 사람들에게 매우 개인적인 질문을 많이 합니다. 보통 이름으로부터 시작하여, 나이·거주지·취미·가족 상황을 비롯하여 심지어는 결혼 여부나 이성 친구의 유무까지도 묻습니다. 이런 질문을 받은 외국인은 매우 당황하게 됩니다. 간혹 어떤 외국인들은 한국인을 무례한 사람들이라고 생각하기도 합니다.
　그러나 이러한 오해는 한국인의 문화를 잘 몰라서 생긴 것입니다. 이것은 한국인들이 상대방에 대해 관심을 나타내는 방식입니다. 특히 한국인이 처음 만난 사람에게 나이를 묻는 것은 한국어의 경어법을 제대로 사용하기 위해서입니다. 서로의 나이를 정확히 알아야 거기에 맞는 경어법을 쓸 수 있기 때문입니다. 또한 한국인들은 무리를 짓기 좋아합니다. 무리 속에서는 당연히 서열이란 것이 있을 수밖에 없고, 그 서열을 가리기 위해서도 나이를 알아야 합니다. 이러한 점은 유학 사상의 장유유서 정신이 미친 영향이기도 합니다.

【발음】

경어법　〔경어뻡〕

【새단어】

거주지（名）居住地	경상북도（名）庆尚北道
-ㄴ 걸 보면（惯用型）从……来看	노력하다（自）努力
눈코 뜰 새가 없다（词组）很忙，忙得不可开交	
-다시피 하다（惯用型）好像……，如同……	
당황하다（自）慌张，不知所措	-면서요（词尾）听说……
무리（名）群	무례하다（形）无礼，不礼貌
방식（名）方式	사적（名）私人的
사투리（名）方言，土话	서열（名）序列
안동（名）安东	-었더니（词尾）表示原因、根据
여부（名）与否	영향（名）影响
예전（名）以前	유무（名）有无
유학（名）儒学	자취하다（自）自己做饭
장유유서（名）长幼有序	지방（名）地方
초면（名）初次见面，第一次见面	

第1课 自我介绍 자기소개

【기본문형】

1. -ㄴ 걸 보면

　　表示说话人看到某个行动或状态后，做出某种判断。现在时在动词词干后接"는 걸 보면"，形容词词干后接"-(으)ㄴ 걸 보면"。过去时在动词词干后接"-(으)ㄴ 걸 보면"。

(1) ㄱ: 수미 씨, 오늘 좋은 일 있지요?
　　　　秀美，今天有什么好事儿吧？
　　ㄴ: 어떻게 알았어요?
　　　　你是怎么知道的？
　　ㄱ: 온종일 싱글벙글하는 걸 보면 알 수 있어요.
　　　　看你整天笑得合不拢嘴就能知道。

(2) ㄱ: 영준 씨, 요즘 간이 안 좋아요?
　　　　英俊，最近你肝不太好吗？
　　ㄴ: 네, 그런데 어떻게 알았어요?
　　　　是的，可你怎么知道的？
　　ㄱ: 눈이 노란 걸 보면 알 수 있어요.
　　　　看你眼珠发黄就知道了。

(3) ㄱ: 왕단 씨, 매주 극장에 가는 걸 보면 영화를 아주 좋아하나 봐요.
　　　　王丹，你每星期都去电影院，看来很喜欢看电影。
　　ㄴ: 네, 아주 좋아해요.
　　　　是的，非常喜欢。

(4) ㄱ: 성호 씨는 오늘도 지각이에요?
　　　　成浩今天又迟到了吗？
　　ㄴ: 네, 요즘 들어 자주 늦는 걸 보면 아침잠이 많은 것 같아요.
　　　　是的，他最近经常迟到，看来很爱睡懒觉。

(5) ㄱ: 비가 아직 그치지 않았나요?
　　　　雨还没停吗？
　　ㄴ: 사람들이 우산을 쓰고 가는 걸 보면 아직 오나 봐요.
　　　　人们都打着伞走路，看来雨还在下。

(6) ㄱ: 이상하네요. 사람들이 왜 하나도 안 왔지요?
　　　　奇怪，怎么一个人也没来？
　　ㄴ: 아무도 안 온 걸 보면 우리가 약속 시간을 잘못 알고 있는 것 같은데요.
　　　　看样子我们弄错了见面时间。

2. -았/었더니

接动词后,表示第一人称主语回想某一时候发生或进行的事实,而这一事实又是后面事实的原因或根据。

> 내가 이상한 행동을 했더니 사람들이 나를 쳐다봤어요.
> 내가 이상했더니 사람들이 나를 쳐다봤어요.(×)

(1) 어제 맥주를 마시고 잤더니 얼굴이 부었어요.
昨天喝完啤酒后睡的,结果脸肿了。
(2) 뛰어왔더니 숨이 차요.
跑着来的,所以气喘吁吁的。
(3) 며칠 집에 늦게 들어갔더니 아버지께서 화를 내셨어요.
连续几天回家晚了,爸爸发火了。
(4) 온종일 컴퓨터 앞에 앉아 있었더니 눈이 아파요.
一整天坐在电脑前面,眼睛都疼了。
(5) 밥을 급하게 먹었더니 배가 아파요.
饭吃得太急,肚子疼。
(6) 늦게 온 친구에게 화를 냈더니 친구가 아주 미안해했어요.
(我)朝来晚的朋友发了脾气,那个朋友觉得很抱歉。

3. -다시피 하다

接动词后,表示事实虽然并非如此,但几乎是那种程度。相当于汉语的"几乎""差不多"。

(1) ㄱ: 밖에 또 비가 오네요.
外面又下雨了。
ㄴ: 또요? 요즘은 주말마다 비가 오다시피 하네요.
又下了?最近几乎每个周末都下雨。
(2) ㄱ: 저는 요즘 당구 치는 재미에 흠뻑 빠져 있습니다.
我最近迷上打台球了。
ㄴ: 나도 처음 당구를 배울 때는 당구장에서 살다시피 했습니다.
我初学台球时也几乎天天泡在台球室里。
(3) ㄱ: 저 아이는 도시락을 싸오지 못하나 봐요.
看来那个孩子(条件不允许)没能带饭来。
ㄴ: 네, 점심은 거의 굶다시피 해요.
是的,中午几乎都饿着肚子。

(4) ㄱ: 저는 데이트가 있어서 먼저 퇴근하겠습니다.
我有个约会，先下班了。
ㄴ: 오늘도요? 요즘 거의 매일 만나다시피 하는 것 같네요.
今天又有约会？最近你们好像差不多天天见面。
(5) ㄱ: 이번 감기는 정말 지독한 것 같아요. 1주일이 지났는데도 안 낫네요.
这次感冒好像真的很严重，一个星期了还没好。
ㄴ: 저는 이번 겨울에 감기를 달고 살다시피 했어요.
今年冬天我几乎一直在感冒。
(6) ㄱ: 저 부부는 요즘 말다툼을 매일 하다시피 하네요.
那对夫妇最近几乎天天吵架。
ㄴ: 신경 쓰지 마세요. '부부싸움은 칼로 물 베기'라고 하잖아요.
不用担心，不是说"夫妻没有隔夜仇"吗？

4. -면서 (요)

表示向别人确认自己已经知道的事实。多用于日常口语，几乎不用于书面或正式场合。"-면서(요)"前面一般接基本阶形态，而当"-면서(요)"前面是名词时，则使用"-(이)라면서요"的形式。

집이 아주 크다면서요?
요즘 아침마다 수영하러 다닌다면서요?
오늘이 영수 씨 생일이라면서요?
이사하셨다면서요?

(1) ㄱ: 홍콩은 일 년 내내 덥다면서요?
听说香港一年到头都很热？
ㄴ: 네, 일 년 내내 습기가 많고 덥습니다.
是的，一年四季潮湿、炎热。
(2) ㄱ: 수미 씨, 다음 주에 결혼하신다면서요?
秀美，听说你下周要结婚？
ㄴ: 어디서 그런 말을 들었어요? 헛소문이에요.
你从哪儿听来的？是谣言。
(3) ㄱ: 왕단 씨, 고향이 티엔진이라면서요?
王丹，听说你老家是天津？
ㄴ: 네, 티엔진입니다. 거기서 고등학교를 졸업할 때까지 살았습니다.
是的，是天津，我一直在那儿生活到高中毕业。
(4) ㄱ: 다음 주에 여행가실 거라면서요?
听说你下周准备去旅行？

ㄴ: 네, 남쪽 지방을 여행할 예정이에요.
　　是的，打算到南方去旅行。
(5) ㄱ: 최정호 씨가 병원에 입원했다면서요?
　　听说崔正浩住院了？
ㄴ: 네, 며칠 전에 교통사고를 당해서 병원에 입원했어요.
　　是的，几天前出了交通事故，住院了。
(6) ㄱ: 김 선생님께서는 전에 공무원이셨다면서요?
　　听说金先生以前是公务员？
ㄴ: 네, 법원에서 일했습니다.
　　是的，过去在法院工作。

【연습】

1. '-는 걸 보면'을 사용하여 다음 대화를 완성하십시오.

　(1) ㄱ: 홍단 씨 요즘 데이트해요?
　　　ㄴ: 네, _____ 데이트를 하는 것 같아요.
　(2) ㄱ: 내일 비가 올 것 같지요?
　　　ㄴ: 네, _____ 비가 올 것 같아요.
　(3) ㄱ: 저 영화 재미있을 것 같습니까?
　　　ㄴ: _____ 재미없을 것 같습니다.
　(4) ㄱ: 영호 씨가 대학 시험에 합격했습니까?
　　　ㄴ: 정확하게는 모르겠지만 _____ 떨어진 것 같아요.
　(5) ㄱ: 한동안 세민 씨를 못 만났습니다. 여행을 갔습니까?
　　　ㄴ: _____.
　(6) ㄱ: 저 여학생은 어느 나라에서 왔습니까?
　　　ㄴ: _____.

2. _____ 에 알맞은 말을 넣어 문장을 완성하십시오.

　(1) 매일 아침 운동을 했더니 _____.
　(2) 담배를 많이 피웠더니 _____.
　(3) 짧은 치마를 입고 밖에 나갔더니 _____.
　(4) 감기약을 먹었더니 _____.
　(5) _____ 숨이 찹니다.
　(6) _____ 친구가 화를 냈습니다.
　(7) _____ 머리가 아픕니다.

(8) _____ 성적이 많이 떨어졌습니다.

3. 다음 문장을 '-다시피 하다'를 이용하여 바꿔 보십시오.

   (1) 성준 씨는 매일 오락실에서 몇 시간씩 놀아요.
      →
   (2) 장용은 지각대장이에요. 거의 매일 지각해요.
      →
   (3) 우리는 연애할 때 거의 매일 만났어요.
      →
   (4) 그 이야기는 하도 많이 들어서 거의 외웠어요.
      →
   (5) 저는 어릴 때 집이 아주 가난해서 점심을 거의 못 먹었어요.
      →
   (6) 우리 형은 거의 매일 술을 마셔요.
      →

4. '-다면서요'를 사용하여 여러분이 알고 있는 사실을 확인해 보세요.

   (1) ㄱ: _____?
       ㄴ: 네, 비가 아주 많이 왔습니다.
   (2) ㄱ: _____?
       ㄴ: 아니요, 저는 술을 한 모금도 못 마셔요.
   (3) ㄱ: _____?
       ㄴ: 네, 어제가 제 생일이었어요.
   (4) ㄱ: _____?
       ㄴ: 네, 일주일에 한두 번 영화를 보러 가요.
   (5) ㄱ: _____?
       ㄴ: 아니요, 전혀 어렵지 않아요.
   (6) ㄱ: _____?
       ㄴ: 네, 저는 채식주의자예요.

5. 여러분은 요즘 어떤 소문을 들으셨습니까? 여러분이 들은 소문이 맞는지 틀리는지 '-면서(요)?'를 이용해 친구들에게 확인해 보십시오.

   (1) _____?
   (2) _____?
   (3) _____?
   (4) _____?

6. 여러분의 친구는 어떤 사람일까요? 아래의 비어 있는 두 칸에 여러분이 묻고 싶은 내용을 추가하여 세 명의 친구에게 다음에 대해 물어 보십시오.

이름			
고향			
가족 사항			
취미			
특기			
장래 계획			

7. 다음 신상명세서를 보고 질문에 대답하십시오.

성   명: 이주홍
국   적: 한국
생년월일: 1990.6.7
주   소: 서울특별시 종로구 명륜동 2가 4 아남 APT 101동 405호
            (전화번호: 733-1400, 팩스: 733-0330)
직   업: 회사원
직   장: 삼성전자
최종학력: 서울대학교 경제학과 졸업

(1) 이 사람의 이름이 무엇입니까?
(2) 어느 나라 사람입니까?
(3) 언제 태어났습니까?
(4) 무슨 일을 합니까?
(5) 대학에서 무엇을 전공했습니까?
(6) 이 사람에게 급하게 연락을 하고 싶습니다. 어떻게 하면 될까요?

8. 여러분은 학교 안의 동아리에 신입회원으로 가입했습니다. 다른 회원들에게 자신을 소개해 보십시오.

9. 다음 문장을 한국어로 번역하십시오.

　（1）世民今天没来上课，看来病还没好。
　（2）我给朋友买了生日礼物，他非常高兴。
　（3）吃了很多辣的东西，结果肚子疼了。
　（4）最近王丹几乎天天泡在图书馆里。

（5）听说金教授已经退休了？
（6）那本书卖得很好，看来很有意思。
（7）志英最近几乎每天都出去打工。
（8）世民，听说你女朋友是医生？
（9）昨天下午打了三个小时的篮球，结果今天胳膊很疼。
（10）王丹最近每周末都去学英语，看来她准备毕业后出国留学了。

【보충단어】

교통사고를 당하다（词组）出交通事故
귀사（名）贵公司
당구를 치다（词组）打台球
말다툼을 하다（词组）吵架，拌嘴
매진하다（他）卖光，售罄
분야（名）领域
빠지다（自）陷入
성적（名）成绩
습기（名）湿气
오락실（名）娱乐室

달고 살다（惯用型）带着……生活
도시락（名）盒饭

모금（量）口
붓다（自）肿
성장하다（自）成长

연애하다（自）恋爱
외우다（他）背诵，记住

속담

열 번 찍어 안 넘어가는 나무 없다.
这句话的字面意思是"没有砍十次还不倒的树"。相当于汉语的"人不经百语，柴不经百斧"。

第2课 天气预报 일기예보

(1)

왕 단: 요즘 날씨가 너무 덥지요?

수 미: 네, 무슨 날씨가 이렇게 더운지 모르겠어요. 그래도 어제보다는 낫네요. 어제는 하도 더워서 하루 종일 꼼짝도 못하고 선풍기 앞에만 있었어요. 중국도 여름에 이렇게 더워요?

왕 단: 그럼요. 여기보다 더 더운 편이죠. 물론 나라가 넓으니까 전국이 다 더운 것은 아니에요. 북쪽은 한국보다 더 시원한 곳도 있어요.

수 미: 그렇군요. 저는 여름이 없는 곳에서 살았으면 좋겠어요. 무더운 날씨도 싫지만, 특히 장마철은 더 싫어요. 습도가 높아서 땀도 너무 많이 흘리게 돼요.

왕 단: 그래요? 저는 여름이 좋아요. 여름에는 바다에서 수영도 할 수 있고, 좋아하는 과일도 마음껏 먹을 수 있으니까요. 그런데 수미 씨, 오늘은 비도 안 오는데 우산은 왜 들고 나왔어요?

수 미: 나올 때 구름이 잔뜩 껴서 비가 올까 봐 가지고 나왔어요. 그런데 아직 비가 오지 않네요.

왕 단: 아침에 일기예보를 들었는데 오늘은 비가 안 온대요. 오전에만 좀 흐리다가 차츰 맑아진다고 했어요.

(2)

오늘의 날씨를 말씀 드리겠습니다.

어제 서울의 최저기온이 영하13.3℃(밤 23시 17분)로 나타났고, 낮 기온도 영하 5℃ 이하에 머무르는 강추위가 나타났습니다. 오늘 서울 아침 최저기온은 올 겨울

第2课　天气预报 일기예보

들어 가장 낮은 영하14.0℃까지 떨어져 몹시 춥겠습니다.
　　차고 건조한 대륙성 고기압의 영향으로 추위는 당분간 계속될 것으로 예상됩니다. 오늘 저녁 전국이 기압골의 영향을 받은 후 점차 벗어나겠습니다.
　　서울 중부 지방과 강원도 산간 지방에서는 구름이 많고 눈이 오는 곳이 있겠으며, 그 밖의 지방은 대체로 맑겠습니다.
　　남부 지방에서는 곳에 따라 다소 많은 눈이 오는 곳도 있겠으니, 이곳을 지나는 차량은 주의하시기 바랍니다.
　　바다의 물결은 동해상에서 2~6m로 매우 높게 일겠으며, 그 밖의 해상에서는 1~3m로 일겠습니다.
　　전국이 대체로 맑겠으며, 내일 아침 최저기온은 영하 13℃에서 영하 5℃입니다. 낮 최고기온은 0℃에서 영상 6℃로 오늘보다 높겠습니다.

【발음】

맑겠습니다〔말께씀니다〕

【새단어】

강원 산간 지방（名）江原道山间地区	강추위（名）酷寒，严寒
건조하다（形）干燥	그치다（自）停
기압골（名）低压槽	-기 바라다（惯用型）希望……
꼼짝도 못하다（词组）一动不动	남부（名）南部
다소（副）多少，稍微	대체로（副）大致
대륙성 고기압（名）大陆性高气压	땀이 나다（词组）出汗
-ㄹ까 봐（惯用型）唯恐……，担心……	
마음껏（副）尽情地	몹시（副）非常
머무르다（自）停留	물결（名）水波，波纹
벗어나다（自,他）摆脱，逃脱	습도（名）湿度
영상（名）零上	예상（名）预想，预料，预测，估计
운행하다（他）行驶	일다（自）荡漾
잔뜩（副）满满地	장마철（名）雨季，汛期
전국（名）全国	중부（名）中部
차량（名）车辆	차츰（副）逐渐
최고기온（名）最高气温	최저기온（名）最低气温
하도 -어서（惯用型）因为太……	해상（名）海上，海面
흘리다（他）流	

11

【기본문형】

1. 하도 -아/어서

"하도"在这里是"非常"的意思，此惯用型只用于表示理由的句子中。

딸기가 하도 비싸다.(×)
딸기가 하도 비싸서 안 샀다.

(1) ㄱ: 지난 일요일에 뭐 했어요?
　　　上个星期天做什么了?
　ㄴ: 날씨가 하도 추워서 밖에 나가지 않고 집에만 있었어요.
　　　天气太冷，没出门，光在家待着了。
(2) ㄱ: 그 소설 다 읽었어요?
　　　读完那篇小说了吗?
　ㄴ: 네, 하도 재미있어서 밤을 새워 읽었어요.
　　　是的，太有意思了，所以熬夜读完了。
(3) ㄱ: 점심 먹으러 갑시다.
　　　去吃午饭吧。
　ㄴ: 아까 하도 배가 고파서 빵을 좀 먹었더니 지금은 별로 먹고 싶지가 않네요.
　　　刚才因为太饿吃了点面包，现在不大想吃。
(4) ㄱ: 안색이 안 좋아요. 어디 아파요?
　　　你脸色不好，哪儿不舒服吗?
　ㄴ: 어제 술을 하도 많이 마셨더니 어지럽고 속이 쓰려요.
　　　昨天酒喝得太多，头晕，胃不舒服。
(5) ㄱ: 어제 영호 씨하고 다퉜다면서요?
　　　听说你和荣浩昨天吵嘴了?
　ㄴ: 다투기는요. 말하는 것이 하도 기가 막혀서 한 마디 한 것뿐이에요.
　　　吵嘴? 实在是因为他说得太不像话，所以才说了他一句而已。
(6) ㄱ: 동생이 덩치가 아주 크다면서요?
　　　听说你弟弟块头很大?
　ㄴ: 네, 덩치가 하도 커서 맞는 옷이 없어요.
　　　是，块头太大，都没有合适的衣服。

2. -(으)ㄹ까 봐

接动词或形容词后，表示担心发生某事。多使用"-ㄹ까 봐 걱정하다"或"-ㄹ까 봐 어떤 행동을 하다"的形式。

第2课　天气预报 일기예보

(1) ㄱ: 성준 씨, 여기예요. 늦을 줄 알았는데 별로 안 늦었네요.
　　　诚俊，我在这儿。还以为你会晚，但其实没晚。
　　ㄴ: 늦을까 봐 퇴근 시간 10분 전에 미리 나왔어요.
　　　担心迟到，提前10分钟就下班了。

(2) ㄱ: 지난번 체육대회 때 날씨가 어땠습니까?
　　　上次开运动会的时候天气怎么样？
　　ㄴ: 비가 올까 봐 걱정을 했는데, 날씨가 아주 맑았습니다.
　　　担心会下雨，可天气很晴朗。

(3) ㄱ: 눈길에 미끄러질까 봐 다리에 잔뜩 힘을 주고 걸었더니 다리가 아파요.
　　　担心在雪地上滑倒，走路时用了很大力气，腿都痛了。
　　ㄴ: 저는 학교에 오다가 세 번이나 넘어졌습니다.
　　　我在上学路上摔倒了三次。

(4) ㄱ: 왜 이렇게 늦었니?
　　　怎么这么晚？
　　ㄴ: 정말 미안해. 후유, 다행이다. 너희들이 나를 두고 출발했을까 봐 얼마나 걱정했는지 몰라.
　　　真是对不起。哎呀，太好了。我就怕你们扔下我先出发，不知道有多担心。

(5) ㄱ: 웬 일로 전화하셨습니까?
　　　您打电话有什么事情？
　　ㄴ: 오늘 오후 약속을 잊어버리셨을까 봐 전화했습니다.
　　　怕您忘了今天下午的约会才打的电话。

(6) ㄱ: 추울까 봐 두꺼운 옷을 입고 나왔는데 생각보다 따뜻하네요.
　　　怕天冷就穿了件厚衣服出了门，可天气比想象中暖和。
　　ㄴ: 오후부터 다시 추워진대요.
　　　听说下午会变冷。

3. -에 따라

接名词后，表示随着前面名词的变化，后面的内容也发生变化。

(1) 국가에 따라 음주운전에 대한 처벌이 다릅니다.
　　国家不同，对酒驾的处罚也不同。
(2) 스위스에서는 지역에 따라 다른 언어를 사용합니다.
　　在瑞士，不同地区用不同的语言。
(3) 비자 발급에 필요한 서류가 나라에 따라 다릅니다.
　　申请签证所需的材料因国家而不同。
(4) 병원에 따라 진단 결과가 달라서 어느 것을 믿어야 할지 모르겠어요.
　　不同医院做出的诊断结果不同，真不知道该相信哪一个。

(5) 같은 옷도 입는 사람에 따라 달라 보입니다.
   同样的衣服因穿的人不同看起来不一样。
(6) 입맛에 따라 파나 계란을 곁들여 드십시오.
   根据各人口味，请搭配葱或鸡蛋吃。

4. -기(를) 바라다

接动词词干后，表示希望。

(1) 오후에 비가 올 예정이니 우산을 가지고 나가시기 바랍니다.
   下午可能会下雨，请带伞出门。
(2) 오전 10시에 졸업식을 시작할 예정이니 졸업생들은 9시 반까지 학교에 나오시기 바랍니다.
   毕业典礼将于上午10点开始，希望毕业生们在9点半之前到学校。
(3) 신입생 여러분들이 보람있는 대학생활을 하기 바랍니다.
   希望各位新同学度过有意义的大学生活。
(4) 감기가 유행하고 있으니 건강 관리에 조심하기 바랍니다.
   现在流感爆发，望注意健康。
(5) 내일 모임에 늦지 않기를 바랍니다.
   希望明天聚会不要迟到。
(6) 간이 나쁘니 술과 담배를 줄이시길 바랍니다.
   肝不好，请少抽烟少喝酒。

【연습】

1. 왜 다음과 같은 일을 했는지 '하도 -아/어서'를 이용하여 대답해 보십시오.

(1) 참외를 왜 이렇게 많이 샀어요?
(2) 무슨 일이 있었어요? 왜 일주일씩이나 학교에 안 왔어요?
(3) 놀러 갔다 왔어요?
(4) 영화를 보러 간다고 했잖아요. 그런데 왜 이렇게 일찍 들어왔어요?
(5) 시험 잘 보셨어요?
(6) 낚시하러 갔다 왔다면서요? 재미있지요?

2. '-(으)ㄹ까 봐'를 사용하여 다음 대화를 완성하십시오.

(1) ㄱ: 비도 안 오는데 왜 우산을 가져왔어요?
   ㄴ: _____.

(2) ㄱ: 뛰어왔어요?
    ㄴ: 네, _____ 숨이 차요.
(3) ㄱ: _____.
    ㄴ: 걱정하지 마세요. 이렇게 열심히 공부했는데 시험에 떨어질 리가 없어요.
(4) ㄱ: 어제 영화 봤어요?
    ㄴ: 네, 주말이라서 _____ 표가 남아 있었어요.
(5) ㄱ: 손님이 예상보다 많이 왔다면서요? 음식이 모자라지 않았어요?
    ㄴ: _____ 다행히 모자라지 않았어요.
(6) ㄱ: 비행기가 제 시간에 도착했다면서요?
    ㄴ: 네, _____.

3. _____에 알맞은 말을 넣어 문장을 완성하십시오.
   (1) 국가에 따라 _____.
   (2) 전공에 따라 _____.
   (3) 사람에 따라 _____.
   (4) 계절에 따라 _____.
   (5) 회사에 따라 _____.
   (6) 상점에 따라 _____.

4. 우리는 다음과 같은 경우에 편지나 카드로 축하의 말을 하고 그 사람에게 좋은 일이 생기기를 기원합니다. 여러분이 다음과 같은 경우에 카드를 쓴다면 어떤 내용의 카드를 쓰겠습니까? '-기 바라다'를 사용하여 〈보기〉와 같이 간단한 문구를 만들어 보십시오.

   〈보기〉 대학에 입학하는 동생에게:
   너의 대학 입학을 축하한다. 대학 생활을 통해 많은 것을 배우고 느끼기 바란다.

   (1) 설날

   (2) 동생 생일에

   (3) 어버이날에

   (4) 스승의 날 선생님께

(5) 크리스마스날 친구에게

(6) 졸업하는 선배에게

5. 다음에 대해 이야기해 보십시오.

(1) 여러분은 어느 계절과 어떤 날씨를 가장 좋아하고 싫어합니까? 구체적으로 그 이유를 설명해 보십시오.

(2) 여러분 고향의 사계절 날씨는 어떻습니까? 계절에 따른 특징이 있으면 함께 이야기해 보십시오.

6. 다음을 잘 읽고 위의 내용과 같은 것을 고르십시오.

(1) 오늘은 전국이 대체로 흐리고 곳에 따라 소나기가 오는 곳이 많겠다. 낮 최고 기온은 30~32도. 바다 물결은 1~2.5m로 잔잔하겠다. 내일은 전국적으로 비가 내려 더위가 한풀 꺾이겠다. 바다의 물결은 1~2.5m.

◇ 해 뜨는 시각 06시 09분 ◇ 해 지는 시각 18시 48분
◇ 달 뜨는 시각 13시 26분 ◇ 달 지는 시각 23시 53분

① 오늘은 전국이 흐리고 비가 오겠다.
② 오늘과 내일 모두 바다의 물결이 높게 일겠다.
③ 내일은 오늘보다 시원하겠다.
④ 오늘은 평균 기온이 30~32도이다.

(2) 토요일은 구름 많고 서해안과 영동 지방에 눈 조금. 일요일은 맑아지면서 구름 조금. 중부와 호남 지방은 가끔 흐리고 곳에 따라 눈. 영남 지방은 구름 조금. 아침 최저 기온은 영하 3~영상 2도. 낮 최고 기온은 4~10도.

◇ 눈비 확률(%)

	낮	밤
서울	40	60
강릉	40	40
대전	50	70
광주	30	50
대구	20	20
부산	20	20
제주	30	40

① 일요일에는 전국이 흐리겠다.
② 일요일에 중부와 호남 일부 지방에는 눈이 내리겠다.
③ 일요일 밤은 얼음이 얼 정도로 춥다.
④ 대구와 부산이 눈이나 비가 올 가능성이 가장 높다.

7. 중국은 아주 넓습니다. 그러므로 지역에 따라 날씨가 크게 다를 것입니다. 중국에 대해 잘 알지 못하는 외국인에게 중국의 지역에 따른 날씨를 설명하는 글을 써 보십시오.

8. 다음 문장을 한국어로 번역하십시오.

(1) 那部连续剧太有意思了，我熬夜看完了。
(2) 那家饭店的菜实在是太好吃了，我中午吃了很多，现在一点都不饿。
(3) （我）担心迟到，跑着过来的。
(4) 父母都希望子女过得幸福。
(5) 对于这件事，每个人都有自己的看法。
(6) 时代不同，流行的东西也不同。
(7) 希望你这次考试成功。
(8) 志英担心长胖，最近经常不吃晚饭。
(9) 这几天太累了，一躺下就能睡着。
(10) 我担心他们等太久。

【보충단어】

가능성（名）可能性
기가 막히다（词组）不可思议，无可奈何
덩치（名）块头，躯体
미끄러지다（自）滑，滑倒
보람있다（词组）有意义，有价值
서해안（名）西海岸
안색（名）脸色
잔잔하다（形）平静
지다（自）（日）落
처벌（名）处罚
한풀 꺾이다（词组）（气势）消减
힘을 주다（词组）使劲儿，用力

곁들이다（他）拼配，搭配
뜨다（自）（日）出
발급（名）发给
서류（名）文件，材料
스승（名）老师
음주운전（名）酒驾
졸업식（名）毕业典礼
진단（名）诊断
평균기온（名）平均气温
확률（名）概率

속담

개구리 올챙이 적 생각 못한다.
这句话的字面意思是"成了青蛙，忘了蝌蚪时"。相当于汉语的"得了金饭碗，忘了要饭时"。

第3课 家事 집안일

(1)
홍 단: 그동안 얼굴이 많이 핼쑥해지셨네요. 어디 아프세요?
선 영: 지난 주말에 이사를 했어요. 이사하기 전에 집을 좀 수리하느라고 신경을 썼더니 살이 좀 빠졌나 봐요.
홍 단: 집은 많이 고치셨어요?
선 영: 많이는 아니고요. 부엌하고 목욕탕 구조를 좀 바꿨어요. 그리고 전체적으로 페인트칠을 다시 하고, 장판과 벽지를 바꿨어요. 간단할 줄 알고 시작했는데, 보통 일이 아니던데요.
홍 단: 그럼요. 고생 많이 하셨겠어요. 그런데 그걸 혼자서 직접 다 하셨어요? 사람들을 사서 하지 그랬어요?
선 영: 그렇게 하려고 했지요. 그런데 사람을 사서 하려고 하니까 돈이 생각보다 너무 많이 들어서요. 그리고 제가 살 집이니까 제가 직접 손을 보고 싶은 마음도 있었구요. 고생은 좀 했지만, 배운 것도 많았어요. 평소 전구를 갈아 끼우거나 못을 박는 등의 집안일은 모두 남편이 다 했었거든요.
홍 단: 그래요. 정말 좋은 남편이군요. 중국의 경우에는 원래부터 남편이 집안일을 다 한다던데요. 한국은 좀 사정이 달라요. 그래도 요즘은 맞벌이를 하는 부부가 늘어나면서 남자들도 집안일을 안 할 수 없게 되었어요. 사실 아내도 밖에 나가 일을 하는데, 집안일을 아내에게만 부담시킨다는 것은 말이 안 되죠.

(2)
　은아 가족은 명절이 되면 시골에 있는 할아버지 댁으로 내려갑니다. 할아버지는 할머니와 같이 시골에서 농사를 짓고 계십니다. 은아의 부모님은 할아버지 할머니의 건강이 언제나 걱정입니다. 서울에서 같이 살자고 말씀을 드리지만 두 분은 싫다고 하십니다. 서울은 교통이 복잡하고 공기가 나쁩니다. 뿐만 아니라 은아 부모님은 맞벌이 부부라서 언제나 바쁩니다. 그래서 할아버지 할머니는 이렇게 따로 사는 것이 더 낫다고 생각하십니다. 자식들과 손자들을 보는 재미도 있지만, 틀에 박힌 도시 생활은 생각만 해도 답답하다고 하십니다.
　예전에 비해 오늘날에는 핵가족이 늘어나고 있습니다. 사회가 발달하고, 도시에서 사는 것이 더 편리하기 때문에 사람들은 도시로 오게 되었습니다. 그래서 농촌에는 할머니나 할아버지가 대부분이고 젊은이들이 줄어들게 되었습니다. 반면에 도시에는 대가족이 줄고 맞벌이 부부, 아이도 적은 핵가족이 많습니다. 더구나 외국에 공부하러 간 자녀들을 위해 혼자 사는 아빠들도 많은데 그런 아빠들을 '기러기 아빠'라고 부릅니다. '기러기 아빠'는 유학 간 자녀와 자녀들을 보살피기 위해 함께 떠난 엄마를 위해 열심히 돈을 벌어 보냅니다. 가족끼리 헤어져 지내는 시간이 길어질수록 많은 문제가 생기고, 이는 사회적 문제로까지 발전하고 있는 양상입니다. 현대 사회에서 바람직한 가족의 의미는 무엇일까 다시 생각하게 하는 대목이기도 합니다.

【발음】

핼쑥해지다 〔핼쑤캐지다〕　　　　　집안일 〔지반닐〕

【새 단어】

갈아끼우다（他）换上，安上　　　구조（名）构造，结构
기러기（名）大雁　　　　　　　　내려가다（自）下去
대목（名）（紧要）关头　　　　　더구나（副）尤其，再加上
-던데요（词尾）表示"亲身经历或体会"
맞벌이하다（自）夫妻都上班，双职工
-면서（词尾）表示"并列"，一边……一边……
못을 박다（词组）钉钉子　　　　바람직하다（形）所希望的，妥当的，正确的
벽지（名）壁纸　　　　　　　　　사정（名）情况，状况，处境
손을 보다（词组）修理，修整　　수리하다（他）修理
신경을 쓰다（词组）花心思　　　양상（名）状态，样子
-에 비하다（惯用型）与……相比　장판（名）油纸炕，糊了油纸的炕
전구（名）电灯泡

第3课　家事 집안일

-지 그랬어요（惯用型）本该……，应该……
틀에 박히다（词组）死板，受限制
페인트칠을 하다（词组）刷油漆　　　핵가족（名）核心家庭，小家庭
핼쑥해지다（自）变苍白

【기본문형】

1. 어디, 누구, 무엇, 언제

　　"어디, 누구, 무엇"一般用于疑问句中，表示询问特定对象。但有时也用于陈述句中，表示泛指，并不是询问特定对象。即，"어제 어디 갔었어요?"这句话可以有两个意思，一个是询问昨天所去的场所，另一个则是询问昨天是否去过哪里。而根据句子意义的不同，话者在说话时语调也会略有不同。即，表示第一个意思时，重点在"어디"上，所以说话时也会强调此处，而结尾时语调略微上升。而当表示第二个意思时，相当于可以用"是/不是"来回答的一般疑问句，因此结尾时语调明显上升。

　　　　（ㄱ）어제 어디 갔었어요?
　　　　（ㄴ）어제 어디 갔었어요?

(1) ㄱ: 어제 어디 갔었어요? 전화했는데 안 받던데요.
　　　 昨天去哪儿了？打电话也没人接。
　　ㄴ: 네, 오후에 어디 좀 잠깐 다녀왔어요.
　　　 是的，昨天下午出去了一会儿。
(2) ㄱ: 이번 주말에 특별한 일 없으면 저희 집에 놀러 오세요.
　　　 这个周末要是没有特别的事，请到我们家来玩吧。
　　ㄴ: 미안합니다. 저는 이번 주말에 어디 좀 다녀올까 하는데요.
　　　 对不起，我想这个周末出趟门。
(3) ㄱ: 집에 누구 왔었어요? 왜 안 쓰던 찻잔이 나와 있어요?
　　　 家里谁来过？不用的茶杯怎么在这儿？
　　ㄴ: 아까 친구들이 다녀갔어요.
　　　 刚才朋友们来过。
(4) ㄱ: 그렇게 멋을 내고 어디 가십니까?
　　　 打扮得这么漂亮要去哪儿？
　　ㄴ: 누구 좀 만나러 갑니다.
　　　 去见一个人。
(5) ㄱ: 어디 갔다 왔어요?
　　　 你出去了？

ㄴ: 네, 뭣 좀 살 것이 있어서 잠깐 나갔다 왔어요.
　　是的，需要买点东西暂时出去了一会儿。
(6) ㄱ: 언제 저 사람 만난 적이 있어요?
　　你见过那个人吗?
ㄴ: 네, 전에 만난 적이 있는 것 같아요.
　　是的，好像以前见过。

2. -더라, -던데요

"-던데요"和"-더라"是由表示回想的语尾"-더"与"-ㄴ데요"或"-라"结合而成的。接动词或形容词后，表示回想自己所见过、听过或亲身经历过的事情。"-던데요"是"-더라"的尊敬型。如果在所经历时，某动作正在进行，即在动词词干后接'-던데요/더라"。如果在所经历时，某动作已经完成，则用"-았/었던데요""-았/었더라"。

(1) ㄱ: 수미씨 어디 있어요?
　　秀美在哪儿?
ㄴ: 30분쯤 전에 봤는데, 도서관에서 책 읽고 있던데요.
　　大约30分钟前见过，当时她在图书馆看书。
(2) ㄱ: 왕단 씨가 한국음식을 좋아할까요?
　　王丹会喜欢韩餐吗?
ㄴ: 지난번에 봤는데 잘 드시던데요.
　　上次见她很喜欢吃。
(3) ㄱ: 종강 파티를 할 식당을 예약해야 하는데 어디가 좋을까요?
　　需要预约饭店，开庆祝结课的宴会，哪儿好呢?
ㄴ: 서울식당이 어때요? 몇 번 가 봤는데 장소도 넓고 음식도 맛있던데요.
　　首尔餐厅怎么样? 去过几次，又宽敞饭菜又好吃。
(4) ㄱ: 아직도 백화점에서 바겐세일을 해요?
　　商场还在大减价吗?
ㄴ: 어제 가 봤는데 벌써 끝났던데요.
　　昨天去看过，已经结束了。
(5) ㄱ: 제주도에 갔다 왔다면서? 어땠어?
　　听说你去了济州岛，怎么样?
ㄴ: 경치가 완전히 다른 나라 같더라. 사투리도 심해서 알아듣기 힘들었어.
　　完全是异国风情，口音也很重，很难懂。
(6) ㄱ: 영호 씨 이사한 집에 가 봤어?
　　去荣浩新搬的家看过吗?
ㄴ: 응, 지난 주말에 집들이를 해서 가 봤는데 넓고 좋더라.
　　嗯，上周末乔迁宴时去看过，房子很大，很好。

(7) ㄱ: 수미가 이사하는 거 좀 도와줬니?
　　　帮秀美搬家了吗?
　ㄴ: 도와주러 갔는데 벌써 다 했더라.
　　　去了，可是已经都搬完了。
(8) ㄱ: 지영 씨 남자친구 봤다면서? 어떻게 생겼어?
　　　听说你见到志英的男朋友了? 长得怎么样?
　ㄴ: 키가 크고 멋있게 생겼던데요.
　　　个子很高，长得很帅。

3. -지 그랬어요?

接动词词干后，表示说话人对别人没有做的事情感到遗憾。

(1) ㄱ: 저 지난 주말에 이사했어요.
　　　我上周末搬家了。
　ㄴ: 저한테 도와 달라고 하지 그랬어요?
　　　你怎么没让我帮忙呢?
(2) ㄱ: 영호 씨는 조금 전에 갔는데…. 좀 일찍 오지 그랬어요?
　　　荣浩刚走……你怎么不早点儿来呢?
　ㄴ: 일찍 오려고 했는데 갑자기 손님이 와서 늦었어요.
　　　本想早点来，突然来了客人，所以晚了。
(3) ㄱ: 어제 먹다 남은 음식을 먹었더니 배가 아파요. 상했었나 봐요.
　　　吃了昨天剩的饭菜，肚子疼。看来饭菜已经变质了。
　ㄴ: 그냥 버리지 그랬어요?
　　　你怎么没把剩菜倒掉呢?
(4) ㄱ: 지난 일요일에는 심심해서 혼났어요.
　　　上星期天给我闲得够呛。
　ㄴ: 그럼 저희 집에 놀러 오시지 그랬어요?
　　　那怎么没来我家来呢?
(5) ㄱ: 머리가 많이 아파요.
　　　头疼得厉害。
　ㄴ: 그럼 집에서 쉬지 그랬어요?
　　　那怎么没在家休息呢?
(6) ㄱ: 이따가 최훈 씨도 올 거예요.
　　　一会儿崔勋也会来。
　ㄴ: 그 사람은 안 만나고 싶은데요. 그 사람한테는 연락하지 말지 그랬어요?
　　　我不想见那个人，你怎么联系他了呢?

4. -면서

"-면서"除了表示前面与后面的动作同时发生外，还表示随着某种情况，出现后面某种变化。此时，其意义与"-에 따라"相似。

(1) 세월이 흐르면서 인심도 많이 바뀌었다.
　　随着岁月的流逝，人心也变了许多。
(2) 직업을 갖는 여성이 늘어나면서 여성의 결혼 연령이 늦어지고 있다.
　　随着职业女性的增加，女性的结婚年龄越来越变大。
(3) 통신 수단이 발달하면서 세계가 점점 좁아지고 있다.
　　随着通讯手段的发展，世界正逐渐变小。
(4) 미인의 기준이 서구화되면서 무리하게 살을 빼려는 여성들이 점차 늘고 있다.
　　随着美女标准的欧化，盲目减肥的女性在逐渐增加。
(5) 노인 인구가 늘면서 실버 산업이 유망 산업으로 떠오르고 있다.
　　随着老龄人口增加，为老年人服务的产业正上升为朝阳产业。
(6) 나이가 들면서 인생에 대해 더 진지하게 생각하게 된다.
　　随着年龄增加，对人生有了更为深入的思考。

【연습】

1. 여러분은 어제 친구집에 여러 번 전화를 했지만 친구가 없었습니다. 그래서 여러분은 오늘 친구를 만나 어제 어디에 가서 누구를 만나고 무엇을 했는지 물어봅니다. 〈보기〉를 참조하여, 먼저 친구가 어떤 행동을 했는지 안 했는지 물어본 다음 구체적인 내용을 질문하십시오.

〈보기〉
ㄱ: 어제 오후에 어디 갔다 왔어요?
ㄴ: 네, 어디 좀 갔다 왔어요.
ㄱ: 어디 갔다 왔어요?
ㄴ: 시내에 갔다 왔어요.

2. 여러분은 얼마 전에 다음과 같은 경험을 했어요. '-던데요/-더라'를 이용해서 친구와 이야기를 나누세요.

(1) 여러분은 얼마 전에 각기 다른 곳에 여행을 갔다 왔어요. 여러분이 여행한 곳에 대해 서로 질문하고, 정보를 교환하세요.
(2) 여러분은 최근에 특별한 음식을 먹어 봤어요. 그 음식에 대해 이야기를 나누세요.
(3) 여러분은 어제 동창회에 갔다 왔어요. 동창회에 참석하지 않은 친구와 어제 만난 친구들에 대해 이야기를 나누세요.

(4) 여러분은 새로운 운동을 시작하려고 해요. 운동을 잘하는 친구에게 조언을 구하세요.

3. '-지 그랬어요'를 이용하여 다음 대화를 완성하십시오.

(1) ㄱ: 늦어서 미안합니다. 길이 너무 많이 막혔어요.
   ㄴ: _____?
(2) ㄱ: 어제 백화점에 가서 양복을 샀는데, 좀 비싸게 산 것 같아요.
   ㄴ: _____?
(3) ㄱ: 깜빡 잊고 부탁하신 자료를 안 가져왔습니다.
   ㄴ: _____?
(4) ㄱ: 시험을 완전히 망쳤어요.
   ㄴ: _____?
(5) ㄱ: 아버지 생신을 깜빡 잊었어요.
   ㄴ: _____?
(6) ㄱ: 오늘까지 제출해야 하는 보고서를 다 못 썼어요.
   ㄴ: _____?

4. _____ 에 알맞은 말을 넣어 다음 문장을 완성하십시오.

(1) 농촌 인구가 줄면서 _____.
(2) 같은 회사에 근무하게 되면서 _____.
(3) 일인당 국민소득이 만 달러를 넘으면서 _____.
(4) 새벽에 운동을 하면서 _____.
(5) 식이 요법을 하면서 _____.
(6) 점점 핵가족화되면서 _____.

5. 다음 가정용품들이 어떤 용도로 사용되는지 맞는 것끼리 연결하십시오.

〈ㄱ〉	〈ㄴ〉
냉장고	음식을 조리하거나 데운다
세탁기	먼지나 작은 쓰레기를 빨아들인다
전자레인지	식품을 신선하게 저장한다
믹서	빨래를 한다
청소기	국이나 찌개를 끓이는 데 사용한다
냄비	식품을 간다
솥	밥을 하는 데 사용한다
프라이팬	음식을 튀기거나 볶을 때 사용한다
망치	음악 등의 음성 자료를 듣는 데 사용한다
오디오	못을 박는 데 사용한다

6. 다음에 대해 대화를 나눠 보십시오.

    (1) 가장 하기 싫은 집안일은 무엇입니까?
    (2) 여러분의 가정에서는 부부가, 혹은 가족들이 집안일을 어떻게 나누어 하고 있습니까?
    (3) 여성이 결혼 후 직업을 갖는 것을 어떻게 생각하십니까?
    (4) 남성과 여성의 능력에 차이가 있다고 생각하십니까?

7. 다음을 잘 읽고 아래 내용과 같은 것을 고르세요.

    통계청은 지난 해 9월, 전국 3만 4천 가구 만 15세 이상 여성 43,544명을 대상으로 여성들의 취업관에 대한 조사를 실시하였다. 이번 조사에서 두드러진 특징은 여성들의 취업욕구 변화이다.
    조사 대상자의 절반이 넘는 60.5%가 결혼과 관계없이(24.7%), 또는 결혼 전이나 아이를 다 키운 후에라도(35.8%) 직업 갖기를 원하고 있다. 취업에 대한 의식도 보다 적극적으로 변해 결혼과 관계없이 일하겠다는 여성이 4년 전 16.7%에서 24.7%로 늘어난 반면 가정에만 전념하겠다는 여성은 17.0%에서 12.1%로 줄었다. 취업을 원하는 이유도 4년 전에는 자아실현이나 사회 참여를 위하여가 23.1%였으나 95년에는 26.8%로 늘고, 생계유지나 남편 사업을 돕기 위해서는 44.2%에서 38.7%로 줄었다.
    그러나 가사 및 육아 부담(52.5%)이 너무 크고 여자가 일을 갖는 데 대한 사회적 편견(24.7%)이나 승진 등에서의 불이익(9.5%), 직업의식이나 책임감 부족(8.7%) 등이 여성 취업을 가로막는 요인으로 조사되었다.

    (1) 조사 대상자의 절반이 넘는 여성이 결혼과 관계없이 직업 갖기를 원하고 있다.
    (2) 여성들이 취업을 원하는 가장 큰 이유는 자아실현이나 사회 참여를 위해서이다.
    (3) 여성 취업을 가로막는 가장 큰 요인은 여자가 일을 갖는 데 대한 사회적 편견이다.
    (4) 가계에 도움을 주기 위해 취업을 하겠다는 여성은 점점 줄고 있다.

8. 집안일에는 청소,요리 등의 일상적인 것에서부터 자녀 양육,집안 수리,가전제품 수리,이사 등에 이르기까지 다양합니다.여러분의 가정에서는 이런 일들을 어떻게 나누어 하고 있습니까? 여러분 가족의 예를 들어 소개해 보십시오.

9. 다음 문장을 한국어로 번역하십시오.

（1）我想这个寒假去旅游，不管是哪儿。
（2）——我想吃冷面，去哪儿好呢？
　　　——去韩国餐厅吧，那儿的冷面很好吃。
（3）这家公司的产品质量很好。
（4）世民什么时候大学毕业的？
（5）金教授今天不在学校，你来之前打个电话就好了。
（6）随着科技的发展，电脑已经成为人们工作时必不可少的伙伴。
（7）我刚才见了个人，所以迟到了。
（8）我上午见到荣浩时，他正在运动场踢足球呢。
（9）——世民听到这个消息后很生气。
　　　——嗯……这件事你不该跟他说。
（10）随着人口的增加，人类对自然环境的影响越来越大。

【보충단어】

가구（名）住户，户	가로막다（他）拦，挡
가사（名）家务，家庭事务	갈다（他）换
냄비（名）小锅，汤锅	늘어나다（自）增加
대상（名）对象	데우다（他）热，烫，温
두드러지다（形）明显，突出	만（冠）满，整
망치（名）锤子	멋을 내다（词组）（动作，打扮）漂亮
반면（名）反面	버리다（他）扔掉
불이익（名）损害，非盈利	빨아들이다（他）吸入
상하다（自）坏，腐烂	생계유지（名）维持生计
서구화되다（自）欧化	솥（名）大锅
승진（名）升职	식이 요법（名）食疗，饮食调理
실버 산업（名）银发产业，为老年人服务的产业	
여성（名）女性	연령（名）年龄
요인（名）要因，因素	욕구（名）欲望
유망 산업（名）朝阳产业，新兴产业	
육아 부담（名）育儿负担，育婴问题	음성 자료（名）录音资料，语音资料
의식（名）意识	인심（名）人心
자아실현（名）自我实现	저장하다（他）储藏，保存
적극적（冠，名）积极的	전념하다（自）专心
절반（名）一半，对半	정보（名）情报，信息

제출하다（他）提出，提交 　　조리하다（他）烹制，烹饪；调理，调养
조언（名）指教 　　　　　　종강（名）结课
줄다（自）缩少，缩小 　　　진지하다（形）认真
찻잔（名）茶杯 　　　　　　통계청（名）统计厅（韩国财政经济部
통신 수단（名）通讯工具 　　　　　　下属的一个厅）
편견（名）偏见
핵가족화되다（自）小家庭化，核心家庭化

속담

고양이 쥐 생각한다.

这句话的字面意思是"猫想老鼠"。
相当于汉语的"黄鼠狼给鸡拜年"。

第4课 长江，中国的母亲河
장강, 중국 최고의 젖줄

(1)
왕 단: 정말 거대한 강줄기지요?
지 영: 맞아요. 정말 그래요. 장강이 크다는 말을 듣기는 했지만, 이 정도인지는 상상도 못했어요. 우리가 충칭을 출발한 지 벌써 이틀이 지났지요?
왕 단: 네, 이제 몇 시간 뒤면 이창에 도착할 거예요.
지 영: 와! 저기 저 산봉우리 좀 보세요. 마치 학이 날아가는 것 같은 모양이잖아요. 경치도 경치지만 변화무쌍한 모습에 넋이 나갈 정도예요. 정말 자연의 위대한 힘이 느껴지네요.
선 주: 저는 유람선을 타고 오면서 한국에서 한강이 갖는 의미만큼이나 중국에서 장강이 갖는 의미가 클 거라는 생각을 했어요.
왕 단: 한강이 한반도 문명의 발상지로서 의미가 있듯이 장강도 중국 문명 발상지로서의 의미가 커요. 주변에 평야가 발달하고, 강에 어류가 풍부해서 일찍부터 장강 유역에 사람들이 모여 살기 시작했거든요.
지 영: 그런데 요즘에는 장강 유역이 근대화의 중심이 되는 것 같아요. 상하이나 충칭, 난징 등의 도시가 모두 장강 유역에 있는 도시잖아요.
선 주: 맞아요. 특히 장강 삼각주의 중심인 상하이 주변의 발전은 정말 눈부실 정도예요.

(2)
　　장강은 길이가 6,300km에 달하는 거대한 강으로, 아시아에서는 가장 길고, 세계에서도 세 번째로 긴 강이다. 그러나 외국인들에게는 일찍부터 장강이라는 이름 대신 양자강이라는 이름으로 불려왔다.
　　장강 유역에는 비옥한 토양과 온화한 기후 조건으로 평야가 발달하여 일찍부터 인간이 거주하기 시작했다. 호모 에렉투스의 화석과 호모 사피엔스의 유물을 비롯한 꽤 몇 유적지가 장강 유역에서 발견되었다.
　　장강 유역은 중국 최대의 곡창지대로, 중국에서 나는 곡물의 절반 정도가 여기에서 생산된다. 그 가운데 쌀이 70%에 달하고, 목화·보리·밀·옥수수·콩·대마와 같은 직물도 많이 생산된다. 대운하가 만들어진 것도 장강 유역에서 생산된 곡물을 북부에 있는 여러 대도시들로 수송하기 위해서였다.
　　상하이, 난징, 우한, 충칭과 같은 대도시가 장강 유역에 자리잡고 있으며, 강 어귀에 있는 상해는 19세기 말부터 주요한 외국의 통상기지가 되었다. 1950년 이래 장강과 그 유역은 중국 경제 근대화의 중심이 되고 있다.

【발음】

발상지 〔발쌍지〕　　　　　　　발달 〔발딸〕

【새단어】

강줄기 (名) 河道, 河流　　　　　거대하다 (形) 巨大, 宏大, 庞大
곡물 (名) 谷物, 粮食　　　　　　근대화 (名) 近代化, 现代化
넋이 나가다 (词组) 出神　　　　농업 잠재력 (名) 农业潜力
눈부시다 (形) 耀眼, 闪耀, 明媚　달하다 (自) 到达, 达到
대마 (名) 大麻　　　　　　　　　대운하 (名) 大运河
-ㄹ 정도로 (惯用型) 到……的程度
-로 (助) 表示"手段、方法、工具、身份"等
목화 (名) 棉花　　　　　　　　　문명발상지 (名) 文明发祥地
밀 (名) 小麦　　　　　　　　　　변화무쌍하다 (形) 变化无穷
보리 (名) 大麦　　　　　　　　　비옥하다 (形) 肥沃
삼각주 (名) 三角洲　　　　　　　상상하다 (他) 想像
수송하다 (他) 运输　　　　　　　장강 (名) 长江
-어 오다 (惯用型) ……来　　　　어귀 (名) (江河的) 入口
어류 (名) 鱼类　　　　　　　　　온화하다 (形) 温和的, 温暖的
위대하다 (形) 伟大　　　　　　　유역 (名) 流域

第4课 长江，中国的母亲河 장강, 중국 최고의 젖줄

이래 (名) 以来
작물 (名) 作物
젖줄 (名) 乳腺, (喻) 母亲河
통상기지 (名) 通商基地
평야 (名) 平地, 平原
학 (名) 鹤

이창 (名) 宜昌
-잖아요 (惯用型) 不……吗
콩 (名) 大豆
토양 (名) 土壤
풍부하다 (形) 丰富

【기본문형】

1. -ㄹ 정도로, -ㄹ 정도이다

接动词后，表示某动作或状态达到的程度，相当于汉语的"到……程度"。过去时有时也用"-았/었을 정도로"的形式。

(1) ㄱ: 밖에 안개가 많이 끼었어요?
    外面雾大吗?
   ㄴ: 네, 한 치 앞도 안 보일 정도입니다.
    是的，大得"伸手不见五指"。

(2) ㄱ: 오늘 많이 바빴어요?
    今天很忙吗?
   ㄴ: 밥 먹을 시간도 없을 정도였어요.
    忙得连吃饭的时间都没有。

(3) ㄱ: 많이 아픕니까?
    很疼吗?
   ㄴ: 네, 견딜 수 없을 정도입니다.
    是的，疼得受不了。

(4) ㄱ: 강강 씨 한국말 참 잘하지요?
    强强的韩国语说得好吧?
   ㄴ: 네, 한국 사람이라고 착각할 정도입니다.
    是的，说得像韩国人一样好。

(5) ㄱ: 선영 씨가 몰라볼 정도로 예뻐졌지요?
    善英是不是漂亮得都快让人认不出来了?
   ㄴ: 네, 그런 것 같아요.
    是的，好像是变漂亮了。

(6) ㄱ: 이 선생님 말이 너무 빠르지요?
    李老师的语速是不是很快?
   ㄴ: 네, 너무 빨라서 한국 사람인 저도 알아들을 수 없을 정도예요.
    是的，快得连我这个韩国人都听不清楚。

2. -잖아요

接动词或形容词后，表示确认听者已知的事实。常用于口语。

(1) ㄱ: 이 집 음식은 너무 비싸요.
　　　这家的饭菜太贵了。
　　ㄴ: 그렇지만 맛있잖아요.
　　　可是味道不是挺好嘛。

(2) ㄱ: 왜 이렇게 늦게 일어나?
　　　怎么起得这么晚?
　　ㄴ: 어제 늦게 잤잖아요.
　　　昨天不是睡得晚嘛。

(3) ㄱ: 성미는 성격도 나쁜데 넌 왜 그렇게 성미를 좋아하니?
　　　成美性格又不好，你为什么那么喜欢她?
　　ㄴ: 예쁘잖아요.
　　　她不是漂亮嘛。

(4) ㄱ: 강강 씨는 한국말 실력이 많이 늘었어요.
　　　强强的韩国语水平提高了很多。
　　ㄴ: 매일 열심히 공부하잖아요.
　　　他不是每天勤奋学习嘛。

(5) ㄱ: 저 사람이 누구니?
　　　那个人是谁?
　　ㄴ: 수정 씨 동생이잖아. 전에 수정 씨 집에 갔을 때 봤는데 생각이 안 나니?
　　　那不是秀晶的弟弟嘛，以前去秀晶家时见过，想不起来了?

(6) ㄱ: 오후에 책을 사러 시내에 나가자. 한중사전을 사야 해.
　　　下午去市里买书吧，我得买本《韩汉词典》。
　　ㄴ: 전에 샀잖아?
　　　以前不是买过吗?
　　ㄱ: 잃어버렸어.
　　　丢了。

3. -(으)로

接名词后，表示资格、身份等。

(1) 강강 씨가 모범학생으로 뽑혀 상을 받았습니다.
　　强强被评为模范生，得奖了。
(2) 저를 반장으로 뽑아 주시면 1년 동안 우리 반을 위해 열심히 일하겠습니다.
　　如果选我为班长，我会为我们班努力工作一年。

第4课 长江，中国的母亲河 장강, 중국 최고의 젖줄

(3) 저는 2남 3녀 중의 장남으로 책임감이 강합니다.
我作为两儿三女中的长子，责任感很强。
(4) 아이가 외아들로 자라 버릇이 없습니다.
孩子是独生子，不懂规矩。
(5) 어떤 사람을 며느리로 삼고 싶으세요?
您希望要什么样的人作儿媳妇?
(6) 저는 수미 씨가 마음에 들어요. 저런 여자를 아내로 맞았으면 좋겠어요.
我喜欢秀美，要是能娶那样的女孩当妻子就好了。

4. -아/어 오다

接动词词干后，表示某行为从过去到现在一直持续。
(1) 이 책에는 작가가 살아 오면서 겪은 일들이 진솔하게 쓰여 있습니다.
这本书真实地描述了作家生活中所经历的事情。
(2) 이것들은 제가 초등학교 때부터 써 온 일기장입니다.
这些是我自小学时起写的日记。
(3) 그동안 쌓아 온 실력을 이번 기회에 유감없이 발휘하기 바랍니다.
希望在这次机会中充分发挥这段时间积蓄的实力。
(4) 이러한 풍습은 약 1500여 년 전부터 계속되어 왔습니다.
这样的风俗从1500多年前一直持续至今。
(5) 그런 이야기는 오래 전부터 들어 왔지만 저는 믿지 않았습니다.
很久以前我就听到过那样的话，但我不信。
(6) 저는 몇 년 전부터 정부의 도움을 받아 생활해 왔습니다.
我自几年前开始在政府帮助下生活。

【연습】

1. _____ 에 '-ㄹ 정도로'를 사용하여 알맞은 말을 넣어 문장을 완성하십시오.

(1) 작년 여름에는 _____ 비가 많이 왔습니다.
(2) 어제는 10년 만에 초등학교 때 친구를 만나서 _____ 술을 마셨습니다.
(3) 1주일 동안 밀린 빨래와 집안 청소를 했더니 _____ 허리가 아픕니다.
(4) 요즘은 _____ 바쁩니다.
(5) 그 식당은 _____ 사람이 많습니다.
(6) 홍단 씨는 _____ 한국말을 잘합니다.

33

2. '-(으)ㄹ 정도로'를 이용하여 다음에 대해서 친구와 같이 이야기해 보세요.

   (1) 고향의 날씨
   (2) 고향의 특산물
   (3) 고향의 유명한 장소
   (4) 부모님
   (5) 가장 친한 친구
   (6) 취미

3. '-잖아요'를 사용해서 문장을 완성하십시오.

   (1) ㄱ: 오늘 왜 이렇게 길이 막히지요?
       ㄴ: _____.
   (2) ㄱ: 머리도 아프고 몸이 왜 이렇게 무겁지요?
       ㄴ: 당연하지요. _____.
   (3) ㄱ: 수미 씨는 친구들 사이에 인기가 많은 것 같아요.
       ㄴ: _____.
   (4) ㄱ: 오늘 영선 씨가 안 보여요. 어디 갔어요?
       ㄴ: _____.
   (5) ㄱ: 성우 씨, 지난번에 빌려간 책 빨리 돌려 주세요.
       ㄴ: _____.
   (6) ㄱ: 문수 씨가 우리를 초대했다면서요? 오늘 무슨 날이에요?
       ㄴ: _____.

4. 다음 중 〈보기〉의 '-로'와 같은 의미로 사용된 문장을 고르십시오.

   〈보기〉 누구를 이 모임의 회장으로 뽑을까요?

   (1) 건강은 돈으로 살 수 없다.
   (2) 이효선 씨는 막내로 자라 버릇이 없다.
   (3) 이 풀로 붙이면 잘 떨어지지 않을 겁니다.
   (4) 법으로 해결하지 말고 대화로 해결하세요.
   (5) 저분은 광화문 우체국에서 우체부로 일합니다.
   (6) 한국의 대표적인 술인 막걸리는 보통 쌀로 만듭니다.

第4课 长江，中国的母亲河 장강, 중국 최고의 젖줄

5. 여러분들이 과거로부터 오늘에 이르기까지 계속해 온 일이 있을 것입니다. 이런 일들을 '-어 오다'를 이용해 표현해 보십시오.

   〈보기〉
   　저는 5살 때부터 북경에서 살아 왔습니다. 그래서 북경은 제 고향은 아니지만 고향과 다름없는 곳입니다.

   (1) _____
   _____
   (2) _____
   _____
   (3) _____
   _____

6. 장강이 중국 역사나 중국 문화 발전에 끼친 영향을 중심으로 하여 장강을 소개하는 글을 써 보십시오.

7. 다음 문장을 한국어로 번역하십시오.

   （1）世民最近在准备考试，忙得连睡觉的时间都没有了。
   （2）王丹被推选为这个项目的负责人。
   （3）——这件衣服太贵了。
   　　　——不是款式漂亮、质地也好嘛。
   （4）这座城市变化真大，都让人认不出来了。
   （5）我今天作为学生代表在大会上发言了，很高兴。
   （6）——志英怎么又是第一名啊？
   　　　——她平时不是一直很努力学习嘛。
   （7）我从小学开始每天都练习3个小时的钢琴。
   （8）听到他的话，我感动得要哭了。
   （9）我一直和父母生活在北京。
   （10）——咱们坐地铁去吗？
   　　　 ——是啊，地铁不是又快又便宜嘛。

【보충단어】

도움（名）帮助
막걸리（名）马格利酒，米酒
며느리（名）儿媳
버릇이 없다（词组）没教养
뽑다（他）选拔
유감없이（副）无憾地
진솔하다（形）率真，坦率
특산물（名）特产

-로 삼다（惯用型）把……作为
맞다（他）娶
발휘하다（他）发挥
법（名）法律
뽑히다（自）被选
장남（名）长子
책임감（名）责任感

속담

우물을 파도 한 우물을 파라.

这句话的字面意思是"挖井要挖到底"。比喻工作要集中力量一件一件做，做事要善始善终。

第5课 兴趣与业余活动
취미와 여가 활동

(1)

장 걸: 찬호 씨, 아주 건강해 보이시네요. 무슨 비결이라도 있어요?

찬 호: 그래요? 좋아 보인다니 다행이에요. 사실 요즘 새벽마다 조기 축구회에 나가 축구를 하고 있어요.

장 걸: 그랬군요. 좀 뜻밖이네요. 저는 찬호 씨가 내성적인 성격이라서 그렇게 활동적인 취미를 가지고 있을 줄은 몰랐거든요. 아, 그러고 보니 전에는 수영을 하러 다닌다고 그러시더니 이제 그만두셨나요?

찬 호: 네, 수영은 일요일에만 하러 가요. 그 대신 새벽에 집 근처 초등학교 운동장에 나가 사람들과 한 시간쯤 축구를 해요. 한참 땀을 흘리며 뛰고 나면 얼마나 상쾌하다고요.

장 걸: 저도 중국에 있을 땐 아침마다 공원에 나가 체조를 했는데, 한국에 온 이후론 운동을 거의 못했어요. 그래서 그런지 체력이 많이 떨어진 것 같아요.

찬 호: 혹시 장걸 씨도 축구를 좋아하면 우리 조기 축구회에 나오시지요?

장 걸: 좋지요. 그런데 저는 축구를 잘 못하는데, 그래도 회원이 될 수 있어요?

찬 호: 그럼요. 축구를 좋아하는 사람이라면 누구나 다 올 수 있어요. 언제나 환영이죠.

장 걸: 사실 저는 한국에 와서 해 보고 싶은 취미가 생겼어요.

찬 호: 그래요? 그게 뭔데요?

장 걸: 그 암벽등반이라고 하는 거 있잖아요? 그게 참 멋있어 보이더라고요.

찬 호: 암벽등반이라고요? 우와, 장걸 씨야말로 뜻밖이네요. 그거 정말 힘들어 보이는데, 혹시 위험하지는 않을까요?

장 걸: 천만에요. 장비만 잘 갖추고 올라가면 생각보다 위험하지 않아요.
찬 호: 그럼 해 보신 적은 있으세요?
장 걸: 네, 대학 산악부원들과 같이 북한산 인수봉에 한번 올라가 봤어요.
찬 호: 저는 밑에서 쳐다보는 것만으로도 아찔하던데, 무섭지 않았어요?
장 걸: 아니요, 스릴이 있고 좋았어요. 이번 겨울에는 빙벽등반에도 도전해 보고 싶어요.
찬 호: 정말 대단해요.

(2)

"취미가 무엇입니까?"
이것은 취업 면접장에서 쉽게 듣는 질문이다.
갈수록 경쟁이 치열하고 취업문이 좁아지면서 자신이 원하는 직장을 찾기가 쉽지 않다. 특히, 최근 독특한 면접을 도입하는 기업이 늘어나면서 예전에 비해 취업에 성공하기가 더욱 힘들어졌다. 기업들은 일정한 실력 외에 개인이 가진 취미나 특기를 중요하게 생각한다. 취미나 특기를 통해 개인의 능력뿐만 아니라 남다른 열정이나 패기를 알 수 있기 때문이다. 그래서 요즘은 취미나 여가 생활을 계발하기 위해 시간과 돈을 투자하는 젊은이들이 늘고 있다.
예전에는 취미 활동으로 독서나 영화 감상, 운동 등 비교적 평범한 것들이 많았다. 그러나 지금은 양로원, 고아원, 재활원 등 불우 이웃 시설을 찾아 사회봉사 활동을 하는 사람이 늘었다. 어떤 사람들은 가야금, 거문고 등 전통 악기를 배워 음악회를 열기도 한다. 이제는 남자들도 요리를 배우거나 자신의 외모를 가꾸기 위해 화장법을 배우고 마사지를 받기도 한다. 또한, 자신과 같은 취미를 가진 사람들끼리 동호회를 만들어 정기적으로 만남을 가지고 정보를 교류하기도 한다. 더구나 한국은 주말 휴일제가 정착이 되어서 주말이면 취미 활동을 즐기기가 더욱 좋다.

【발음】

새벽마다 〔새병마다〕　　　　　　　　활동적 〔활똥적〕

【새단어】

가야금 （名） 伽倻琴　　　　　　갈수록 （副） 越来越……
거문고 （名） 玄鹤琴　　　　　　계발하다 （他） 启发，开发
고아원 （名） 孤儿院　　　　　　교류 （名） 交流
그만두다 （他） 放弃，取消　　　남다르다 （形） 独特，与众不同
내성적이다 （形） 性格内向，内敛　　능력 （名） 能力

第5课 兴趣与业余活动 취미와 여가 활동

-더니（词尾）表示"行为或状态发生变化"
도전하다（自）挑战，挑衅
동호회（名）（由具有相同爱好的人组成的）俱乐部，学生社团
뜻밖이다(词组)意外，不虞，出人意表
면접장（名）面试（现场）
비결（名）秘诀
산악부원（名）登山队员
스릴이 있다（词组）扣人心弦
암벽등반하다（自）攀岩
양로원（名）养老院
열정（名）热情
정착（名）落实，扎根，巩固
-줄 알다（惯用型）以为，认为
취업（名）就业，就职
치열하다（形）激烈
패기（名）魄力，气魄，雄心

독특하다（形）独特
마사지（名）按摩
불우（名）不幸，遭遇不佳
빙벽등반（名）攀冰
상쾌하다（形）爽快，清爽
아찔하다（形）晕，晕眩
-야말로（惯用型）表示强调
얼마나 -다고요（惯用型）多么……
재활원（名）康复院
조기 축구회（名）早起足球会
체력（名）体力
취업문（名）就业之门，就业机会
투자하다（自）投资
환영（名）欢迎

【기본문형】

1. -더니

接动词或形容词词干后，表示过去的行动或状态现在产生了变化。本课用法只用于第二、三人称为主语的句子中。

(1) ㄱ: 전에는 아침에 운동을 하러 다니더니 요즘은 안 하는 것 같네요.
　　　以前早晨还出去运动，最近好像不做了。
　ㄴ: 네, 요즘은 일이 너무 많아서 운동을 할 틈이 없어요.
　　　是，最近事情太多，没有时间运动。
(2) ㄱ: 며칠 전까지 아침저녁으로 쌀쌀하더니 이제는 덥네요.
　　　就在几天前，早晚还挺凉，现在热起来了。
　ㄴ: 벌써 여름이 된 것 같아요.
　　　夏天已经到了。
(3) ㄱ: 비가 너무 안 와서 걱정입니다.
　　　总不下雨，真叫人担心。
　ㄴ: 글쎄 말이에요. 작년에는 홍수가 나더니 올해는 가뭄이 드네요.
　　　是呀，去年发大水，今年却干旱。
(4) ㄱ: 전에는 고기를 안 좋아하시더니 이제 잘 드시네요.
　　　以前不爱吃肉，现在吃得挺多。

ㄴ: 그동안 식성이 바뀌었습니다.
　　这段时间口味变了。

(5) ㄱ: 저 형제는 어쩌면 저렇게 사이가 좋아요?
　　他们兄弟之间感情怎么那么好呢?

ㄴ: 어릴 때는 매일 싸우더니 크면서 철이 들었나 봐요.
　　小时候天天打架，看来长大后懂事了。

(6) ㄱ: 이 선생님이 웬 일이지요? 전에는 하루에도 몇 번씩 전화를 하더니 며칠째 소식이 없네요.
　　李老师怎么了? 以前一天打好几个电话过来，现在好几天没消息了。

ㄴ: 어디 가셨답니다.
　　听说去什么地方了。

2. 얼마나 -다고요

接形容词或动词后，是用感叹的语气表达"무척 -하다"（非常怎样）的意义。常用于口语。"얼마나"用于"무척, 매우, 굉장히"（非常）的意义时，后边必须接"-다고요"或"-ㄴ지"。

　　얼마나 예쁘다고요.
　　얼마나 예쁜지 몰라요.
　　얼마나 예뻐요.(×)
　　얼마나 예뻐서 사람들이 다 좋아해요.(×)

(1) ㄱ: 설악산이 아름다워요?
　　雪岳山美吗?

ㄴ: 그럼요. 얼마나 아름답다고요.
　　是的，非常美。

(2) ㄱ: 저 영화가 그렇게 재미있다면서요?
　　听说那部电影非常有意思，对吗?

ㄴ: 얼마나 재미있다고요. 그러니까 꼭 보세요.
　　是的，非常有意思，所以请一定去看看。

(3) ㄱ: 여보, 선희가 용돈이 다 떨어진 것 같은데 좀 더 주지 그래요.
　　老婆（老公），善姬零花钱好像用光了，再给她一点儿吧。

ㄴ: 걔가 용돈을 얼마나 많이 쓴다고요. 달라는 대로 다 줄 수는 없어요.
　　那孩子花太多零花钱了，不能要多少给多少。

(4) ㄱ: 왕단 씨 한국말 잘하지요?
　　王丹的韩国语说得很好吧?

ㄴ: 그럼요. 실력이 얼마나 많이 늘었다고요.
　　是的，水平提高了许多。
(5) ㄱ: 지난 여름에 서울에 비가 많이 왔었다면서요?
　　听说去年夏天首尔下了很多雨，是吗？
ㄴ: 얼마나 많이 왔다고요. 잠수교가 다섯 번이나 물에 잠겼어요.
　　下得非常多，漫水桥都被淹了5次。
(6) ㄱ: 순주 씨가 결혼식날 그렇게 예뻤다면서요?
　　听说婚礼那天纯珠非常非常漂亮，是吗？
ㄴ: 얼마나 예뻤다고요. 꼭 하늘에서 내려온 선녀 같았어요.
　　是的，非常漂亮，如同仙女下凡。

3. -시지요

接动词词干后，表示委婉的规劝。
(1) 이쪽으로 앉으시지요.
　　请坐这边。
(2) 추운데 안에 들어와 기다리시지요.
　　天冷，请到里面等。
(3) 시간이 없는데 택시를 타고 가시지요.
　　没有时间了，坐出租车去吧。
(4) 병이 더 커지기 전에 병원에 가 보시지요.
　　病情加重之前去医院看看吧。
(5) 좋은 사람이니까 한번 만나 보시지요.
　　人很好，还是见一见吧。
(6) 가슴이 답답하면 담배를 끊으시지요.
　　如果胸口发闷，就戒烟吧。

4. -줄 알다/모르다

接动词、形容词后，意义相当于"-고 예상하다/예상하지 못하다"（预想……，没能预想……）。根据时态或词性的不同，前面的惯用型也不同，具体变化如下。

现在时中，动词（包括있다,없다）后面一般接"-는 줄 알다"，形容词后面一般接"-(으)ㄴ 줄 알다"。但有时也用"-ㄹ 줄 알다"的形式，使用"-ㄹ 줄 알다"时，表达的是一种更加未知的、不着边际的推测。

未来时中，动词后面接"-(으)ㄹ 줄 알다"，过去时中，动词后面接"-(으)ㄴ 줄 알다"。

(1) ㄱ: 늦어서 미안해요. 오래 기다렸지요?
　　对不起，我来晚了。等很久了吧？

ㄴ : 30분이 지났는데도 오지 않아 못 오는 줄 알았어요.
　　过了30分钟还没来，以为你来不了了呢。

(2) ㄱ : 좋은 사람 있으면 저 좀 소개해 주세요.
　　如果有合适的人，请介绍给我吧。

ㄴ : 결혼 안 하셨어요? 저는 반지를 끼고 있길래 결혼한 줄 알았어요.
　　你没结婚吗？看你戴着戒指还以为你结婚了呢。

(3) ㄱ : 합격을 축하드립니다.
　　祝贺你考试合格。

ㄴ : 고맙습니다. 시험을 잘 못 봐서 저는 떨어질 줄 알았어요.
　　谢谢。考得不好，还以为考不上了呢。

(4) ㄱ : 며칠 학교에 안 와서 많이 아픈 줄 알았어요.
　　好几天没来学校，还以为你生病了呢。

ㄴ : 아프다니요? 그동안 여행을 다녀왔어요.
　　生病？我去旅行了。

(5) ㄱ : 이 가방 정말 비싸네요.
　　这个包真贵。

ㄴ : 네, 저는 이렇게 비쌀 줄 몰랐어요.
　　是的，我也没想到会这么贵。

(6) ㄱ : 이준섭 씨가 사기꾼이라면서요?
　　听说，李峻燮是个骗子？

ㄴ : 글쎄 말이에요. 저는 그 사람이 우리를 속일 줄 정말 몰랐어요.
　　是啊，我真没想到他会骗我们。

【연 습】

1. ＿＿＿＿＿ 에 알맞은 말을 넣어 문장을 완성하십시오.

(1) ㄱ : 시장하시다고 했죠? 이 빵 좀 드세요.
　　ㄴ : 아니에요. 조금 전까지 배가 고프더니 ＿＿＿＿＿＿＿＿＿＿＿＿＿.

(2) ㄱ : 조금 전까지 비가 오더니 ＿＿＿＿＿＿＿＿＿＿＿＿＿.
　　ㄴ : 잘 됐네요.

(3) ㄱ : 홍단 씨가 전에는 불고기를 좋아하더니 ＿＿＿＿＿＿＿＿＿＿＿.
　　ㄴ : 그동안 식성이 변했나 보죠?

(4) ㄱ : 이 대리가 요즘은 일찍 일어나나 봐요.
　　ㄴ : 글쎄 말이에요. 매일 지각하다시피 하더니 ＿＿＿＿＿＿＿＿＿.

(5) ㄱ : 10년 만에 진우를 만나 보니 어때요? 많이 변했어요?
　　ㄴ : 네, 전에는 ＿＿＿＿＿＿＿＿＿＿＿＿＿＿＿＿＿＿＿＿＿.

(6) ㄱ: 날씨가 갑자기 더워졌지요?
    ㄴ: 네, _____.

2. '얼마나 -다고요'를 사용해 다음에 대해 이야기를 나눠 보십시오.

(1) 기억에 남는 장소
(2) 기억에 남는 사람
(3) 기억에 남는 영화
(4) 기억에 남는 사건

3. 다음에 대해 고민하는 친구에게 '-시지요'를 이용하여 좋은 방법을 일러 주고 이에 대해 이야기를 나눠 보십시오.

(1) 어디에서 데이트를 하면 좋을까?
(2) 어떤 사람을 짝사랑하고 있는데 그 사람은 나에게 관심이 없다. 어떻게 하면 될까?
(3) 친구가 결혼을 한다는데 뭘 선물하면 좋을까?
(4) 돈을 많이 벌고 싶은데, 대학을 졸업한 후 어떤 일을 하면 좋을까?
(5) 늘 불안하고 밤에 잠이 안 온다.
(6) 늦잠을 자서 매일 지각을 한다. 일찍 일어나려고 노력해도 잘 되지 않는다.

4. '-줄 알다/모르다'를 이용해 대화를 완성해 보십시오.

(1) ㄱ: 오래간만입니다. 그동안 외국에 좀 갔다 왔습니다.
    ㄴ: 그래요? 저는 오랫동안 안 보이시길래 _____.
(2) ㄱ: 왜 이렇게 늦었어요? 버스 타고 왔어요?
    ㄴ: 네, 저는 러시아워가 아니라서 _____.
(3) ㄱ: 성미 씨가 다음 주에 유학간대요.
    ㄴ: 아직 안 갔어요? _____.
(4) ㄱ: 이사하셨다고 들었어요.
    ㄴ: 네, 지난주에 이사했어요. _____.
(5) ㄱ: _____ 고기를 드시네요.
    ㄴ: 고기를 별로 좋아하지는 않지만 먹기는 합니다.
(6) ㄱ: 어제 옷 사러 백화점에 갔다 왔다면서요? 옷은 샀어요?
    ㄴ: 사기는요. _____.

5. 다음에 대해 친구와 이야기를 나눠 보십시오.

(1) 여러분은 시간이 있을 때 무엇을 합니까? 그리고 얼마나 자주 그것을 합니까?
(2) 여러분이 특별히 남들보다 잘하는 것은 무엇입니까?

(3) 앞으로 시간적, 경제적 여유가 있을 때 해 보고 싶은 취미생활은 무엇입니까?
(4) 특별히 좋아하는 운동선수나 연예인(영화배우, 가수 등), 예술가가 있습니까? 왜 그 사람을 좋아합니까?
(5) 감명 깊었던 영화나 소설이 있습니까?
(6) 가족이 모이거나 많은 사람들이 모였을 때 무엇을 합니까?

6. 여러분의 취미나 여가 생활을 구체적으로 소개하는 글을 써 발표해 보십시오.

7. 다음 문장을 한국어로 번역하십시오.

（1）昨晚还在下雨，今天早上就开始下雪了。
（2）现在也不打折，我没想到商场会有这么多人。
（3）去年见到志英的时候，她还挺胖，现在这么苗条了。
（4）——听说文洙很善良？
　　　——不知道有多善良！他总是先为他人着想。
（5）强强的韩国语说得太好了，我一开始还以为他是韩国人呢。
（6）心情不好的话，听听音乐吧。
（7）——你去过长城吗？听说很雄伟，是吗？
　　　——不知道有多雄伟，所以你一定要去看看。
（8）如果经常感到疲倦，平时多做些运动吧。
（9）世民小时候不太喜欢运动，而现在每个周末都去爬山。
（10）世民真的结婚了啊！开始我还以为我听错了呢。

【보충단어】

가뭄이 들다 (词组) 干旱	감명 깊다 (词组) 深有感受
걔 (名) 那孩子	러시아워 (名) 交通高峰
불안하다 (形) 不安	사기꾼 (名) 骗子
잠기다 (自) 淹没，沉入	잠수교 (名) 漫水桥
짝사랑하다 (他) 单相思	

第5课 兴趣与业余活动 취미와 여가 활동

속담

돌다리도 두들겨 보고 건너라.

这句话的字面意思是"即使是石桥也要敲打着过"。相当于汉语的"前脚站稳，再移后脚""要小心谨慎，三思而后行"。

상부상조의 전통

　한국인들은 정이 많은 민족이다. 혼자 지내는 것보다 서로 어울리고 함께 하는 것을 좋아한다. 같은 취미를 가진 사람들끼리 모이는 동호인회나 친족 간의 길흉사를 상부상조하기 위한 수많은 계(契), 회원들과 교류하기 위한 친목회 등등 모임의 종류와 이름도 무척 다양하다. 사실 이것은 한국의 전통 문화에서 비롯된 것이다.

　한국인들은 예로부터 서로서로 도와가면서 어려운 일들을 처리하는 상부 상조의 전통이 있었다. 이런 전통은 삼한시대(三韓時代)로까지 거슬러 올라간다. 삼한시대 때부터 농사같은 어려운 일은 물론하고 대,소사나 길흉사까지도 상부상조해서 처리하였다. 이런 아름다운 미덕의 전통들은 여러 시대를 거치면서 두레, 품앗이, 계 등으로 이어져 왔다.

　두레는 농사철이나 기타 마을에서 노동이 필요할 때 주민들이 공동으로 작업을 하던 마을의 공동체를 일컫는다. 두레가 마을 단위의 공동 체적인 것이라면 품앗이는 일대일로 노동을 교환하는 제도였다. 품앗이의 '품'은 노동력을, '앗이'는 지고 갚는다는 의미이다. 즉, 품앗이는 시간에 관계없이 이웃이 필요로 할 때 이웃끼리 함께 돌아가며 일을 하는 것을 말한다. 그에 비해 계는 경제적인 도움을 주고받거나 친목을 도모하기 위하여 만든 것으로 만든 모임이다.

　이런 상부상조의 전통은 현재 소년 소녀 가장이나 노인, 장애인 등 불우이웃 돕기나 공동체 운동 등으로 더욱 발전되어 오고 있다.

第6课 物品交换 물건 교환

(1)

왕 단: 며칠 전에 여기서 이 바지를 샀거든요. 그런데 허벅지 부분이 너무 꽉 끼는 것 같아서 입기가 힘들어요. 좀 더 큰 것으로 바꿀 수 있나요?

점 원: 네, 혹시 영수증은 가지고 오셨습니까?

왕 단: 네, 여기 있어요.

점 원: 그 옷 허리 치수가 어떻게 됩니까?

왕 단: 26인치인데요. 이것보다 한 치수 더 큰 걸로 주세요.

점 원: 잠깐만 기다리십시오.

(잠시 후)

점 원: 손님, 죄송합니다. 같은 디자인으로 한 치수 큰 것은 지금 없습니다. 다른 디자인으로는 있는데, 그건 어떻겠습니까?

왕 단: 저는 이 디자인이 마음에 들어요. 다른 것은 좀 별로네요.

점 원: 그럼 맞는 치수의 옷을 가져다 놓겠습니다. 이틀 후에 다시 들러 주시겠습니까? 제가 보관증을 써 드리겠습니다.

왕 단: 그럼 그렇게 해 주세요.

(2)

얼마 전에 찬호 씨는 작은 옷가게를 개업했습니다. 창업 뒤 찬호 씨는 기존 매장들과 달리 새로운 판매 전략을 도입했습니다. 매장 손님이 한적한 평일 오전 시간을 이용해서 직접 거리 판매에 나선 것입니다. 노점 판매는 매출 확대뿐만 아니라 매장 홍보 효과로 이어졌습니다.

또한 찬호 씨는 온라인 쇼핑몰도 함께 운영하고 있습니다. 직접 전시한 상품들의 사진을 찍고, 세세한 패션 이야기도 곁들여 온라인 쇼핑몰에 올립니다. 상품에 대한 상세한 설명은 기본이고, 고객에게 상품을 보낼 때는 직접 작성한 편지도 동봉합니다. 작지만, 기발한 고객 감동서비스가 고객들에게 감동으로 전해졌고 지속적인 구매로 이어졌습니다. 지금은 온라인상의 매출이 오프라인 가게 매출의 50%까지 차지하게 되었습니다.

　이런 노력 덕분에 창업 1년 만에 찬호 씨의 매장은 높은 매출을 올리게 되었습니다. 이제 찬호 씨는 매장을 조금 더 늘릴 생각을 가지고 있습니다. 보다 공격적이고 세심하게 고객을 배려하는 영업 전략을 세워나가려고 합니다.

　고객의 마음을 헤아리고 눈높이에 맞춘 감동 서비스. 성공 창업을 앞당기는 힘이 되고 있습니다.

【발음】

치수〔치쑤〕　　　　맞는〔만는〕
보관증〔보관쯩〕

【새단어】

개업（名）开业　　　　　　　　-거든요（词尾）表示自然地引入某话题
-것 같다（惯用型）好像……，看来……
교환하다（他）交换　　　　　　기본（名）基本；基础，起码
기존（名）现有　　　　　　　　노점（名）地摊，摊子
눈높이（名）眼光　　　　　　　꽉 끼다（词组）紧，瘦
-다면（词尾）如果……　　　　 도입（名）采用，引进
동봉（名）附在信内，同寄　　　디자인（名）样式，款式
매장（名）卖场　　　　　　　　반대（名）反对
배려하다（他）照顾，关怀　　　보관증（名）保管证
세세하다（形）详细，仔细　　　쇼핑몰（名）购物中心
상세하다（形）详细，细　　　　-어다 주다（惯用型）……给
영수증（名）发票　　　　　　　인치（名）英寸
오프라인（名）离线，线下　　　온라인（名）在线
전략（名）战略　　　　　　　　지속적（名）持续的，持久的
창업（名）创业　　　　　　　　패션（名）流行款式
한적하다（形）寂静，幽静　　　허벅지（名）大腿
헤아리다（他）揣摩，估量　　　홍보（名）宣传，广告
효과（名）效果　　　　　　　　혹시（副）或许

第6课　*物品交换* 물건 교환

【기본문형】

1. -다면

接动词或形容词后，表示假设。"-다면"跟"-(으)면"相比，表示的是一种更为极端的假设。名词后用"-(이)라면"的形式。

(1) ㄱ: 불치병에 걸려서 6개월밖에 살 수 없다면 무엇을 하겠어요?
  如果得了不治之症，只能活六个月，你会做什么呢?
 ㄴ: 사랑하는 사람과 여행을 가겠어요.
  会和我所爱的人去旅行。
(2) ㄱ: 사람이 많이 다니는 길에 만 원짜리 지폐가 떨어져 있다면 어떻게 하겠어요?
  如果在行人很多的路上扔着一张一万韩元的纸币，你会怎么做?
 ㄴ: 주워서 갖겠어요.
  捡起来拿走。
(3) ㄱ: 어제 침몰 사고로 죽은 사람이 하나도 없었다면서요?
  听说昨天在沉船事故中没有人死亡?
 ㄴ: 네, 승객들이 모두 구명조끼를 입고 있었대요. 만일 구명조끼를 입고 있지 않았다면 많은 사람이 죽었을 거예요.
  是的，说是乘客们都穿了救生衣，要是没穿救生衣，可能会死很多人。
(4) ㄱ: 네가 내일 모임에 안 간다면 나도 안 가겠어.
  要是你明天不参加聚会，我也不去。
 ㄴ: 그러지 말고 너라도 가.
  别这样，你还是去吧。
(5) ㄱ: 저는 의과대학에 가고 싶은데 부모님께서는 제가 법대에 가기를 원하세요. 수미 씨라면 이런 경우에 어떻게 하겠어요?
  我想考医学院，可是父母希望我考法学院。秀美如果是你，在这种情况下你会怎么做?
 ㄴ: 글쎄요, 제가 인수 씨라면 제 생각대로 의과대학에 가겠어요.
  是啊，如果我是仁洙你，会按自己的想法考医学院。
(6) 이 몸이 새라면, 이 몸이 새라면 날아가리. 저 건너 보이는, 저 건너 보이는 작은 섬까지.
  如果我是一只小鸟，一只小鸟，一定要飞走，飞到对面的，对面的小岛。

2. -거든요

接动词或形容词后，表示自然地引入某话题。常用于口语。

(1) 지난 주말 제주도에 여행을 갔거든요. 그런데 신혼여행 온 사람들이 무척 많았어요.
上周末去济州岛旅行了，可是去那儿度蜜月的人实在是太多了。

(2) 오랫동안 운동을 하지 않았거든요. 그랬더니 며칠 전 산에 올라가는데 무척 힘이 들더라고요.
好久没运动了，前几天去爬山，觉得特别累。

(3) 오래간만에 고향 친구를 만났거든요. 그런데 아주 많이 변해 있었어요.
见到了家乡久违的朋友，可是（他的）变化太大了。

(4) 두 달 전에 담배를 끊었거든요. 그랬더니 자꾸 살이 쪄요.
两个月前戒了烟，以后就越来越胖了。

(5) 시험 때문에 이틀 밤을 새웠거든요. 그랬더니 자꾸 하품이 나와요.
因为考试熬了两夜，所以老打哈欠。

(6) 저는 한국 현대사를 전공하거든요. 그래서 기회가 있으면 꼭 한국에 유학 가고 싶어요.
我的专业是韩国现代史，所以如果有机会，很想去韩国留学。

3. -것 같다

"-것 같다" 表示推测，根据其前面所接成份的词性或时态的不同，可以有 "-는 것 같다, -(으)ㄴ 것 같다, -(으)ㄹ 것 같다" 等形式。其中 "-(으)ㄹ 것 같다" 一般表示未来时。

但 "-(으)ㄹ 것 같다" 有时也可用于现在时或过去时，表示不具备充足证据的、随意的推测。即，"-은/는 것 같다" 表达的是一种相对比较有把握的推测，而 "-(으)ㄹ 것 같다" 则表示没有把握的推测。此时，现在时在词干后接 "-(으)ㄹ 것 같다"，过去时在词干后接 "-았/었을 것 같다"。

수미 씨는 착한 것 같아요.(수미 씨의 행동을 보고)
수미 씨는 착할 것 같아요.(얼굴을 보거나 이야기를 들은 느낌으로)

손님들이 도착하신 것 같아요.(밖에서 나는 시끄러운 소리를 듣고)
지금쯤 부산역에 도착했을 것 같아요.(도착할 시간이 되었으니까)

(1) ㄱ: 약속시간이 벌써 1시간이 지났는데 그가 아직 기다리고 있을까?
约好的时间已经过去了一个小时，他还会在等（我们）吗？
ㄴ: 아니, 갔을 것 같아.
不会吧，可能走了。

(2) ㄱ: 오늘 아침 일기예보에서 오후에 비가 온다고 했는데 지금 밖에 비가 올까?
今天早晨天气预报说下午有雨，现在外面会下雨吗？

第6课　物品交换 물건 교환

　　ㄴ: 안 오는 것 같은데요.
　　　　好像没下。
(3) ㄱ: 수미 씨 첫인상이 어땠어요?
　　　　对秀美的第一印象怎么样?
　　ㄴ: 아주 착할 것 같았어요.
　　　　感觉很善良。
(4) ㄱ: 미국에 가는 사람들이 지금 어디쯤 날아가고 있을까요?
　　　　去美国的那些人现在大概飞到哪儿了呢?
　　ㄴ: 하와이 상공을 날아가고 있을 것 같아요.
　　　　可能正在飞过夏威夷上空。
(5) ㄱ: 선생님께서도 그 소문을 들으셨을까요?
　　　　老师会不会也听到了那个传闻呢?
　　ㄴ: 아직 못 들으신 것 같아요.
　　　　好像还没有听到。
(6) ㄱ: 저기 저 남자 결혼했을 것 같니, 안 했을 것 같니?
　　　　你猜那边那个男的有没有结婚?
　　ㄴ: 글쎄. 내 생각에는 총각일 것 같은데.
　　　　是啊，依我看应该还没结婚。

4. -아/어다 주다

　　"-아/어다 주다"与"-아/어 주다"都表示为别人做某事。但"-아/어다 주다"有场所移动，而"-아/어 주다"则没有。即，"(주스를) 사주다, (책을) 빌려 주다"表示单纯地为别人做某事的意思。而"(주스를) 사다 주다, (책을) 빌려다 주다"则含有先去某处买到주스(果汁)或借到책(书)后，再将其给某人的意思。
(1) ㄱ: 배가 고픈데 우리 컵라면이나 사다 먹읍시다.
　　　　肚子饿了，我们买泡面吃吧。
　　ㄴ: 제가 돈을 낼테니 누가 좀 갔다오세요.
　　　　我掏钱，请哪位去一趟吧。
(2) ㄱ: 강만길 교수님이 쓰신 《한국 현대사》란 책이 있으면 좀 빌려주세요.
　　　　要是有姜万吉教授写的《韩国现代史》那本书，请借我一下。
　　ㄴ: 저도 그 책이 없어요. 도서관에 있으니까 꼭 필요하면 제가 빌려다 드리겠습니다.
　　　　我也没有那本书，图书馆有，如果一定需要，我给您借来。
(3) ㄱ: 이 만년필이 아주 좋네요. 어디서 났어요?
　　　　这支钢笔很好，哪儿来的?

ㄴ: 형이 홍콩 출장 갔다 올 때 사다 줬어요.
哥哥去香港出差时给买来的。

(4) ㄱ: 미안하지만 이 가방 좀 저기까지 들어다 주시겠습니까?
不好意思，能帮我把这个包拿到那儿吗？
ㄴ: 미안하기는요. 들어다 드리겠습니다.
别客气，我帮您拿过去。

(5) ㄱ: 홍단 씨, 저 책상 위에 있는 열쇠 좀 가져다 주시겠어요?
洪丹，帮我拿一下那个书桌上的钥匙好吗？
ㄴ: 까만 열쇠고리에 달려 있는 거요?
是挂在黑色钥匙环上的那个吗？

(6) ㄱ: 퇴근시간이라서 택시 잡기가 쉬울지 모르겠어요.
因为是下班时间，不知道能不能顺利打到出租车。
ㄴ: 가는 방향이 같으니까 제가 댁 근처까지 태워다 드릴게요.
咱俩方向一样，我开车把您送到您家附近。

【연습】

1. 여러분은 다음의 경우에 어떻게 하겠어요? '-다면'을 이용해서 질문하고 대답하십시오.

(1) 불치병에 걸려서 6개월밖에 살 수 없습니다.
(2) 복권에 당첨되어 백만장자가 되었습니다.
(3) 여러분이 중국의 주석입니다.
(4) 내일 지구가 멸망합니다.
(5) 여러분은 다음 생애에 여러분이 원하는 것으로 태어날 수 있습니다.
(6) 싫어하는 남자/여자가 끈질기게 따라다닙니다.

2. 다음과 같은 내용을 '-거든요'를 사용해 자연스럽게 설명해 보십시오.

(1) 월요일에 만난 친구에게 지난 주말의 활동에 대해 이야기한다.
(2) 친구에게 자신의 고향에 대해 설명한다.
(3) 친구에게 자신의 취미에 대해 이야기한다.
(4) 맞지 않는 바지를 교환하러 왔다.

3. ( ) 안의 표현 중 더 적합한 것을 고르세요.

(1) ㄱ: 손님들이 왜 아직 안 오시죠?
ㄴ: 밖이 시끄러운 걸 보니 (도착한, 도착했을) 것 같은데요.

(2) ㄱ: 지금쯤 출발했을까요?
　　ㄴ: 아직 출발하지 (않은, 않았을) 것 같아요.
　　ㄱ: 왜 그렇게 생각해요?
　　ㄴ: 그냥요.
(3) ㄱ: 세민 씨에게 전화했습니까?
　　ㄴ: 안 했습니다. 지금 집에 (없는, 없을) 것 같아서요.
(4) ㄱ: 밖에 비 와요?
　　ㄴ: 사람들이 뛰어가는 걸 보니 비가 (오는, 올) 것 같아요.
(5) ㄱ: 수미 씨하고 준영 씨 요즘 안 만나요?
　　ㄴ: (헤어진, 헤어졌을) 것 같아요. 준영 씨가 요즘 전화를 안 해요.
(6) ㄱ: 미연이한테 전화해서 같이 점심 먹자고 합시다.
　　ㄴ: 벌써 (먹은, 먹었을) 것 같아요. 2시가 넘었잖아요.

4. 다음의 상황에서 친구나 가족에게 무슨 도움을 요청할 수 있을까요?
   '-아/어다 주다'와 '-아/어 주다'를 사용해서 부탁을 해 보십시오.

   (1) 나는 지금 감기에 걸려서 누워 있습니다. 아무것도 할 수 없습니다.
   _____
   _____
   _____

   (2) 곧 이사를 해야 합니다.
   _____
   _____
   _____

   (3) 시험 공부 때문에 무척 바쁩니다.
   _____
   _____
   _____

   (4) 저녁에 집에 손님을 초대했습니다. 나는 지금 부엌에서 바쁘게 일을 합니다.
   _____
   _____
   _____

5. 다음 상황에서 ㄱ과 ㄴ이 되어 대화를 나눠 보십시오.

   (1) ㄱ: 며칠 전 가게에서 구두를 산 손님입니다. 그런데 색깔이 마음에 안 들어 바꾸고 싶습니다. 그렇지만 영수증을 안 가지고 왔습니다.
   　　ㄴ: 가게 점원입니다. 손님에게 영수증을 보여 달라고 하십시오.

(2) ㄱ: 한 달 전에 서점에서 책을 샀습니다. 그런데 책을 읽다 보니 중간에 10페이지 정도가 없었습니다.
ㄴ: 책을 확인하고 바꾸어 주십시오.
(3) ㄱ: 일주일 전에 와이셔츠를 샀습니다. 물빨래를 해도 된다고 표시가 되어 있었기 때문에 집에서 빨았습니다. 그런데 옷이 많이 줄었습니다.
ㄴ: 손님이 잘못 빨아서 옷이 줄었을 가능성이 있다고 생각합니다.
(4) ㄱ: 냉장고를 샀습니다. 그런데 냉동실에 성에(冰花)가 끼고 소리가 심하게 납니다. 나는 새것으로 바꾸고 싶습니다.
ㄴ: 어떤 문제가 있는지 들어 보고, 수리를 해 주겠다고 하십시오.

6. 여러분은 충동구매를 하는 편입니까? 아니면 계획성 있게 물건을 구입합니까? 물건을 구입하거나 바꾼 경험을 글로 써 보십시오.

7. 다음 문장을 한국어로 번역하십시오.

(1) 如果树木也有思想的话，它们会想些什么呢?
(2) 我是学习韩国语的，以后想去韩国留学。
(3) 如果我是玫瑰，我将给你芬芳；如果我是太阳，我将给你温暖。
(4) 堵车很严重，看来今天要迟到了。
(5) 这台笔记本电脑是朋友去韩国旅游的时候给我买来的。
(6) 我很喜欢写作，以后的梦想是当一名作家。
(7) 世民，请帮我把那边沙发上的衣服拿过来好吗?
(8) 如果一定要减肥的话，你会选择什么方法?
(9) 他们俩见面的时候没有打招呼，看来互相不认识。
(10) 暑假我回家乡了，家乡的变化好大啊。

【보충단어】

구명조끼（名）救生衣	끈질기다（形）坚韧，执着
냉동실（名）冷冻室	당첨되다（自）中签，中奖
복권（名）彩票	불치병（名）不治之症
상공（名）上空	서리가 끼다（词组）结冰花
열쇠고리（名）钥匙环，钥匙扣	주석（名）柱石，栋梁
첫인상（名）第一印象	총각（名）小伙子，未婚男子
침몰 사고（名）沉船事故	태워다 주다（词组）用车送
하품（名）哈欠	

第6课　物品交换 물건 교환

속담

백지장도 맞들면 낫다.
这句话的字面意思是"白纸也是二人抬省力"。相当于汉语的"众擎易举""一起吃才甜，一起抬才轻""人多力量大"。

第7课 韩国的节日
한국의 명절

(1)

세 민: 장걸 씨, 다음 목요일이 설날인 거 아시죠? 한국에서 처음 맞는 설날인데 뭐 할 거예요?

장 걸: 글쎄요. 아직 특별한 계획은 없는데요.

세 민: 그럼, 떡국 드시러 저희 집에 오시지 않겠어요?

장 걸: 그날은 친척들이 다 모이실 텐데 제가 가서 폐를 끼치는 건 아닌지 모르겠어요.

세 민: 별 말씀을 다 하세요. 와서 떡국도 드시고, 윷놀이도 하면서 한국 사람들이 설날을 어떻게 보내는지 한번 느껴 보세요.

장 걸: 정말 고마워요. 꼭 갈게요. 그런데 한국은 많은 것들이 서양식으로 바뀌었는데도 불구하고 명절은 음력으로 지내는군요.

세 민: 그렇죠? 우리들도 그 점을 재미있게 생각해요. 아마도 수천 년 동안의 관습 같은 거라고나 할까, 바꾸기가 쉽지 않을 거예요.

장 걸: 세민 씨는 고향에 안 내려가는 걸 보니 고향이 서울이신가 봐요?

세 민: 사실 제 고향은 경남 진주예요. 그런데 제가 어렸을 때, 서울로 전 가족이 이사를 했어요. 다른 친척 분들도 대부분 서울에 계시고요.

장 걸: 그랬군요. 그럼 그때 뵙겠습니다.

(2)

한국의 가장 큰 명절 중 하나인 설날은 음력 1월 1일로, 한 해를 시작하는 의미를 갖는 아주 중요한 날이다.

설날이 되면 한국인들은 대부분 고향을 찾아간다. 모든 관공서나 회사는 설날을 전후하여 사흘 이상 쉬고, 가게들도 대부분 문을 닫는다. 그래서 설날 연휴가 되면, 고속도로를 비롯한 모든 도로 및 철도가 고향에 내려가는 사람들로 가득 찬다. 그래서 고향에 가는 시간이 평소보다 서너 배가 더 걸리곤 한다. 하지만 고향을 찾아가는 사람들의 마음은 부모님과 다른 가족들을 만난다는 생각에 즐겁기만 하다.

하지만 요즘 들어 이러한 추세에 반대되는 현상이 일어나곤 한다. 이른바 역귀성이라고 하는 것이다. 즉, 설날을 비롯한 명절이면 고향 가는 길이 워낙 힘들다 보니, 서울에 있는 자식들 집으로 부모님과 다른 형제들이 모여드는 현상을 말한다. 귀성 행렬과 역귀성 행렬이 골고루 분산되다 보니 여러 불편한 점들이 줄어들고 있는 것도 사실이다.

설날 아침에 사람들은 새 옷으로 갈아입고 정성껏 음식을 준비하여 돌아가신 조상을 기리는 차례를 지낸다.

차례가 끝난 뒤에는 부모님을 비롯한 웃어른께 세배를 하고 그분들의 건강과 행복을 기원한다. 아랫사람들의 세배를 받은 어른들은 덕담을 하고, 아이들에게는 세뱃돈을 준다. 이 때문에 아이들은 설날을 손꼽아 기다리기도 한다.

차례와 세배가 끝나면 아침 식사로 떡국을 먹는다. 그리고는 온 가족이 모여 윷놀이 등을 하며 즐겁게 하루를 보낸다.

【발음】

설날 [설랄]   비롯한 [비로탄]
웃어른 [우더른]   윷놀이 [윤노리]

【새단어】

-걸 보니 (惯用型) 从……来看   골고루 (副) 均匀, 平均
관공서 (名) 机关单位   관습 (名) 习惯, 常规
기리다 (他) 赞美, 赞颂   기원하다 (他) 祈愿, 祝愿
-ㄴ 데도 불구하고 (惯用型) 不顾……   덕담 (名) 吉言, 吉利话
-ㄹ 텐데 (惯用型) 会……, 可能……   명절 (名) 节日
모양이다 (词组) ……的样子, ……的模样   분산 (名) 分散, 疏散
서너 (冠) 三四 (个, 斤等)   세배하다 (自) 拜年
세뱃돈 (名) 压岁钱
-어서 그런지 (惯用型) 也许因为……
역귀성 (名) 逆探亲, 指节日时与以前儿女回老家探望父母的情况相反, 现在很多父母到儿女所在城市与儿女们一起过节.
웃어른 (名) 长者, 老人   이른바 (副) 所谓

일어나다（自）发生　　　　　　정성껏（副）精心，竭诚
차례（名）祭祀　　　　　　　　추세（名）趋势
폐를 끼치다（词组）添麻烦　　　행렬（名）行列，队伍

【기본문형】

1. -(으)ㄹ 텐데

   接动词或形容词后，表示推测。与"아마 ~ㄹ 거예요. 그런데（也许……可是……）"意义相近。

   (1) ㄱ: 내일 아침 7시까지 서울역으로 나오세요. 늦으면 안 돼요.
       明天早晨7点之前请到首尔站来，晚了不行。
      ㄴ: 영미 씨한테는 얘기 안 했죠? 영미 씨도 알면 같이 갈 텐데요.
       还没跟永美说吧？永美知道了也会一块儿去的。

   (2) ㄱ: 내일 파티에 꼭 나오세요.
       明天请一定来参加晚会。
      ㄴ: 모르는 사람들이 많이 올 텐데 제가 가도 돼요?
       会有很多不认识的人参加，我去行吗？

   (3) ㄱ: 그 집 물건이 싸다고요? 백화점 가격하고 비슷하던데요.
       你说那家的东西便宜？和商场的价格差不多呀。
      ㄴ: 그래요? 비싸지 않을 텐데…
       是吗？应该不会贵呀。

   (4) ㄱ: 곧 올 텐데 웬 걱정을 그렇게 하세요?
       一会儿就来了，你担心什么？
      ㄴ: 도착할 시간에서 벌써 한 시간이나 지났잖아요.
       到达时间不是已经过去一个小时了嘛。

   (5) ㄱ: 빨리 갑시다.
       快走吧。
      ㄴ: 아직 아무도 안 왔을 텐데, 왜 이렇게 서두르세요?
       说不定现在一个人也没来，干嘛这么着急？

   (6) ㄱ: 문수 씨한테 전화 걸어서 영화 같이 보러 가자고 하자.
       给文秀打个电话，让他跟我们一起去看电影吧。
      ㄴ: 문수 씨는 그 영화 벌써 봤을 텐데.
       文秀可能已经看过那部电影了。

2. - 모양이다

   接动词、形容词后，表示推测。根据前面内容的词性或时态的不同，可以有"-

는/(으)ㄴ/(으)ㄹ 모양이다"等形式。需要注意的是，同样表示推测的"‐것 같다"可以用于虽然自己亲身经历过但不十分有把握的情况，而"‐모양이다"则不行。

(1) ㄱ: 성수 씨 오늘도 학교에 안 왔습니까?
　　　成洙今天也没来学校吗？
　　ㄴ: 네, 많이 아픈 모양입니다.
　　　是，看来病得很重。

(2) ㄱ: 지영 씨는 매일 아침 운동을 하러 다니는 모양이에요.
　　　看来志英每天都做晨练。
　　ㄴ: 집 근처에 있는 실내수영장에서 매일 30분씩 수영을 한대요.
　　　听说在家附近的室内游泳池每天游30分钟。

(3) ㄱ: 하늘에 구름이 잔뜩 끼었지요?
　　　天空是不是乌云密布？
　　ㄴ: 네, 비가 올 모양입니다.
　　　是，看来要下雨了。

(4) ㄱ: 정 선생님이 담배와 술을 끊은 모양이에요.
　　　丁老师好像戒烟酒了。
　　ㄴ: 요즘 건강이 아주 안 좋은 모양입니다.
　　　可能最近健康状况不太好。

(5) ㄱ: 흰색 투피스를 입은 분이 김 선생님인 모양이죠?
　　　穿白色套裙的那位好像就是金老师吧？
　　ㄴ: 예, 맞아요.
　　　是的。

(6) ㄱ: 과장님께서 암에 걸리셨다면서요? 그런데 본인도 자기가 암에 걸린 것을 알고 있나요?
　　　听说课长得了癌症，他本人知道自己得癌症了吗？
　　ㄴ: 아직 모르는 모양이에요.
　　　好像还不知道。

3. -어서 그런지

接动词、形容词后，表示"虽然不清楚确切的原因，但也许是因为……"的意思。

(1) 출근시간이라서 그런지 길이 많이 막히네요.
　　可能是因为上班时间，路上堵车很严重。

(2) 환절기라서 그런지 감기 환자가 많습니다.
　　也许是因为换季期间，感冒患者很多。

(3) 수영 씨, 머리 모양을 바꿔서 그런지 훨씬 젊어 보여요.
　　秀英，也许是因为换了发型，你看上去年轻许多。

(4) 말씀을 많이 들어서 그런지 처음 뵙는 분 같지 않습니다.
也许是因为听说了很多，觉得不像初次见面。
(5) 눈보라가 거세서 그랬는지 정상 정복을 포기하고 내려왔답니다.
可能因为风雪太大，就放弃登顶，下来了。
(6) 아는 사람이 아무도 없어서 그랬는지 파티가 시작되자마자 나갔어요.
可能是因为没有认识的人，派对一开始（他）就走了。

4. -ㄴ데도 불구하고

表示不受某种情况和条件的限制，照样做某事。
(1) ㄱ: 바쁘신데도 불구하고 이렇게 와 주셔서 대단히 감사합니다.
（您）在百忙之中抽时间来，非常感谢。
ㄴ: 별 말씀을 다하십니다.
您太客气了。
(2) ㄱ: 저 사람은 정말 구두쇠야.
那个人真吝啬。
ㄴ: 맞아. 돈이 많은데도 불구하고 쓸 줄을 몰라.
是，虽然钱多，却不会花。
(3) ㄱ: 문수 씨가 이번 학기에도 수석을 했다면서요?
听说文秀这学期又拿第一?
ㄴ: 글쎄 말이에요. 문수 씨는 노력을 안 하는 것 같은데도 불구하고 언제나 1등을 해요.
是呀，文秀好像不是很努力学习，却总是第一。
(4) ㄱ: 1년 동안 한국어를 공부했는데도 불구하고 아직 기초 회화도 제대로 못 해서 걱정이야.
（我）学习韩国语已经一年了，可连基础会话都说不好，真是担心。
ㄴ: 초조하게 생각하지 말고 꾸준히 노력해 봐.
别太急躁，要继续努力。
(5) 저분은 앞을 못 보는 장애인인데도 불구하고 박사 학위를 땄습니다.
那位虽然是看不到东西的残疾人，却拿到了博士学位。
(6) 저 사람은 가수인데도 불구하고 노래 솜씨가 형편없네요.
那个人虽然是歌手，但唱歌水平却很差。

第7课 韩国的节日 한국의 명절

【연습】

1. 다음과 같은 상황 속에서 어떤 말을 할 수 있을까요?

    (1) 저는 아들 녀석 때문에 걱정이에요. 이번 달 말에 시험이 있을 텐데_____
    _____.
    (2) 그 소문은 헛소문일 거예요. 진주 씨가 결혼을 하면 제일 친한 친구인 저에게 먼저 이야기를 할 텐데 _____.
    (3) 하루 종일 운동을 해서 피곤할 텐데 _____.
    (4) 산 속에 들어가면 추울 텐데 _____.
    (5) 길이 복잡해서 혼자 찾아가기 힘들 텐데 _____.
    (6) 밤을 새워 연습했을 텐데 _____.

2. 다음은 어떤 재해가 일어난 장소의 모습입니다. 그림을 보고 도대체 이곳에서 어떤 일이 일어났는지를 '-모양이다'를 사용해 추측해 보십시오.

3. 왜 다음과 같은 현상이 일어날까요? '-어서 그런지'를 사용해서 이유를 추측해 보십시오.

    (1) _____ 이상 기온이 계속된다.
    (2) _____ 감기에 자주 걸린다.
    (3) _____ 성인병 환자가 늘고 있다.
    (4) _____ 인구가 갑자기 늘었다.
    (5) _____ 도시가 텅 비었다.
    (6) _____ 아이들의 성장 속도가 10년 전에 비해 훨씬 빠르다.

4. _____ 에 알맞은 말을 넣어 문장을 완성하십시오.

    (1) 5월인데도 불구하고 _____.
    (2) 저분은 연세가 일흔을 넘었는데도 불구하고 _____.
    (3) 추석인데도 불구하고 _____.
    (4) _____ 돈을 물쓰듯이 쓴다.

(5) 성우 씨는 머리가 좋은 것 같습니다. _____ 언제나 1등을 합니다.

(6) _____ 많은 사람들이 회의에 참석했습니다.

5. 한 나라에서도 지역마다 가정마다 명절의 풍습이 다를 수 있습니다. 여러분의 가정에서는 설날을 어떻게 보내는지 옆사람과 이야기를 나누어 보십시오.

6. 다음은 한국의 추석에 관한 설명입니다. 잘 읽고 질문에 대답하십시오.

추석은 설날과 함께 한국의 2대 명절이다. 전통적으로 농업을 주업으로 했던 시절부터 일 년 농사를 수확하여 그것으로 신에게 감사하고 조상에게 제사를 지내는 날이기도 하다.

이른 아침 사람들은 깨끗하게 옷을 갈아입고 차례를 지내고 성묘를 간다. 추석 전날에는 조상의 무덤을 찾아가 벌초를 한다. 추석에는 특히 햅쌀로 송편을 만들고 토란국을 끓여 먹는다.

옛날에는 추석에 마을 사람들이 모여서 줄다리기, 씨름 등의 놀이를 하며 놀았다. 지금은 이런 놀이들이 거의 사라졌지만, 설날과 추석은 한국인들이 고향을 찾아가고 온 가족이 한 자리에 모여 앉아 오순도순 정을 나누는 소중한 명절이다.

(1) 한국의 2대 명절은 무엇입니까?
(2) 추석은 어떤 의미를 갖는 날입니까?
(3) 추석날 하는 일이 아닌 것을 고르십시오.
  ① 조상에게 차례를 지낸다.
  ② 송편과 토란국을 먹는다.
  ③ 떡국을 먹고 세배를 한다.
  ④ 줄다리기, 씨름 등의 민속놀이를 한다.

7. 중국에는 어떤 명절이 있습니까? 여러 명절 중 한 가지를 골라 그날의 의미와 행사, 음식 등을 소개해 보십시오.

8. 다음 문장을 한국어로 번역하십시오.

（1）这次考试可能会很难，怎么准备才好呢？
（2）看来青青不喜欢吃辣的东西。
（3）他们现在应该到北京了，但还没有（他们的）消息。
（4）也许是因为天气不好的缘故吧，我的心情也不太好。
（5）世民今天一整天都很开心，看来他通过面试了。

（6）虽然下雨，来看比赛的人却很多。
（7）也许是因为最近没有运动的缘故，总是感觉很疲倦。
（8）那孩子虽然年龄小，知道的东西却很多。
（9）那个演员虽然已经年过半百，看起来却很年轻。
（10）最近北京应该很冷吧，您多注意身体。

【보충단어】

거세다（形）强　　　　　　　　　눈보라（名）风雪
물 쓰듯이（惯用型）很费，大手大脚地
벌초하다（自）（割除坟墓上长出的杂草）扫墓，祭扫
성묘（名）扫墓，上坟
성인병（名）成人病，中年以后易得的病的通称
성장 속도（词组）成长速度
송편（名）松饼，松年糕（用粳米做的月牙形夹馅饼，垫松针而蒸）
수석을 하다（词组）得第一　　　수확하다（他）收获
암에 걸리다（词组）得癌症　　　오순도순（副）亲切地，和睦地
이상 기온（词组）异常气温，反常气温
일흔（数）七十　　　　　　　　　장애인（名）残疾人
정복（名）征服　　　　　　　　　정상인（名）正常人
주업（名）主业　　　　　　　　　초조하다（形）焦躁，急躁
텅（副）空空地　　　　　　　　　토란국（名）芋头汤
햅쌀（名）新米　　　　　　　　　형편없다（词组）不像样，太差
환절기（名）换季期

속담

가랑비에 옷 젖는 줄 모른다.

这句话的字面意思是"毛毛雨中不知衣服已湿"。相当于汉语的"千里之堤，溃于蚁穴"。

第8课 结婚 결혼

(1)

찬 혁: 장걸 씨, 이거 받으세요.
장 걸: 어, 이게 웬 카드예요?
찬 혁: 청첩장이에요. 저 다음 달에 결혼하게 되었어요.
장 걸: 그래요? 정말 축하드려요. 그런데 신부는 어떤 분이세요? 연애결혼이에요, 중매결혼이에요?
수 미: 중매결혼이라니요? 찬혁 씨는 대학 때부터 유명했던 캠퍼스 커플이었잖아요.
장 걸: 그래요? 저만 모르고 있었나 봐요.
수 미: 정말 장걸 씨는 그 사실을 모르고 있었어요? 참, 그래서 등잔 밑이 어둡다고 하잖아요. 그런데 언제, 어디서 결혼식을 하나요?
찬 혁: 10월 8일 오후 1시에, 종로 2가에 있는 서울 YMCA 강당에서 해요.
장 걸: 주례는 어느 분이 하실 거예요?
찬 혁: 대학 은사님이신 이수성 교수님께 부탁드렸어요. 두 분도 꼭 와서 축하해 주세요.
장 걸: 물론이지요. 열 일을 제쳐 두고라도 꼭 참석할게요.
찬 혁: 그런데 장걸 씨는 장가를 안 가세요?
장 걸: 맘에 드는 여자가 있으면 오늘이라도 당장 결혼을 하지요. 그런데 맘에 드는 여자가 없는 걸 어떡해요?
수 미: 눈이 그렇게 높으니까 그렇지요. 제발 눈 좀 낮추세요.
장 걸: 내가 무슨 눈이 높다고 그래요? 예쁘고, 착하고, 여자답고, 똑똑하고, 경제력 있는 여자를 원하는 건 기본이 아니겠어요?
수 미: 호호호! 그렇게 모든 걸 다 갖춘 여자가 어디 흔하겠어요?

장 걸: 아무튼 난 그런 여자를 만날 때까진 결혼을 안 할 거예요. 맘에 안 드는 여자랑 사는 것보다는 차라리 혼자 사는 게 낫다는 생각이에요.

수 미: 그래, 그것도 좋은 생각이긴 해요. 하지만 장걸 씨 자신도 그런 여자에게 어울리는 사람인지도 함께 생각해 보세요.

(2)

한국의 결혼 절차는 꽤 까다롭고 복잡한 편이다.

약혼은 결혼을 약속하는 의미를 갖는 동시에 신랑과 신부 가족들이 서로 인사하는 의미를 갖는다. 약혼식은 보통 호텔이나 식당 등의 방을 빌려서 한다. 이때는 양쪽의 가족과 가까운 친척, 그리고 친구들이 초대된다. 일반적으로 약혼식 비용은 여자 쪽에서 부담한다.

결혼식을 하기 며칠 전에는 신랑 측에서 신부 측에 함을 보낸다. 함 속에는 신랑의 사주단자와 신랑 측에서 신부에게 보내는 선물들이 들어 있다. 보통 이 함은 신랑의 친구들이 들고 가는데, '함잡이'라고 해서 결혼한 친구 중 한 사람을 앞세워 신부 집으로 들어간다. 친구들은 모두 "함 사세요!"라고 외치며 들어가서 집 주변은 구경꾼들이 모여들기도 한다.

결혼식은 종교를 가지고 있는 경우에는 교회나 절에서 열리기도 하지만, 주로 결혼식장에서 거행된다. 결혼식에 올 때, 사람들은 축하의 의미로 선물이나 축의금을 준비한다. 축의금의 액수 또한 친밀한 관계나 사회적 지위에 따라 달라지기도 한다.

한국에서는 결혼을 할 때 많은 비용이 든다. 보통 남자 쪽에서는 함께 살 집을 준비하고, 여자 쪽에서는 시댁 식구들에게 드릴 예단과 여러 살림살이 가재도구를 준비한다. 특히 집을 얻거나 사기 위해서는 큰돈이 들어가기에 보통 부모님의 도움을 받기도 한다. 가끔 혼수품을 둘러싼 잡음이 생겨 주위의 눈살을 찌푸리게 하는 일도 생긴다.

결혼식이 끝나면 신랑 신부는 한복으로 갈아입고 신랑의 가족과 친척들에게 두 사람이 부부가 되었음을 알리는 인사를 올리는데, 이것을 폐백이라고 한다. 폐백이 끝나면 신랑 신부는 신혼여행을 떠난다. 신혼여행은 제주도를 비롯한 국내 여행보다는 사이판이나 괌, 유럽 등 해외로 떠나는 사람들이 부쩍 많아졌다.

【발음】

밑이 [미치]

【새단어】

가재도구（名）家什，家具，家产　　　　강당（名）讲堂，礼堂
거행（名）举行，举办　　　　　　　　　종교（名）宗教
구경꾼（名）观众　　　　　　　　　　　까다롭다（形）繁琐，麻烦
꽤（副）颇，特别，相当　　　　　　　　낮추다（他）降低
—냐（词尾）基本阶疑问式终结形词尾　　눈이 높다（词组）眼光高
눈살을 찌푸리다（词组）紧锁双眉，皱眉蹙额
—다니요（词尾）终结词尾，表示怀疑，惊叹
—답다（词尾）表示"真是，不愧为"
등잔 밑이 어둡다（谚语）灯下黑　　　　복잡하다（形）复杂
부쩍（副）猛然，剧烈　　　　　　　　　사주단자（名）生辰八字
아무튼（副）不管怎么说
앞세우다（他）使……走在前面，摆在首位
액수（名）额度，数额　　　　　　　　　약혼식（名）订婚仪式
여자답다（形）有女人味儿，像个女人　　연애결혼（名）恋爱结婚
열 일을 제쳐 두다（词组）放下所有的事情，推掉所有的事情
예식장（名）礼堂，婚礼厅　　　　　　　외치다（自，他）（大声）喊叫
웬（冠）干什么的，哪来的　　　　　　　은사（名）恩师
잡음（名）干涉，议论，批判　　　　　　장가를 가다（词组）娶媳妇
절（名）寺，寺院　　　　　　　　　　　절차（名）程序，手续，步骤
조건을 갖추다（词组）具备条件　　　　　주례（名）司仪，婚礼主持人
중매결혼（名）经人介绍结婚
차라리 —ㄴ 게 낫다（惯用型）反而不如……更好，倒不如……好
청첩장（名）请柬，请帖　　　　　　　　축의금（名）份子钱，贺仪，礼金
캠퍼스 커플（名）校园情侣　　　　　　　함（名）彩礼箱
흔하다（形）多，常见

【기본문형】

1. 웬

接名词前面，表示某事或某物不同寻常，所以有些惊讶。
(1) ㄱ: 아니 저기에 웬 사람이 저렇게 많아요?
　　　那边哪来那么多人?

ㄴ: 글쎄요, 무슨 일이 생긴 모양인데요.
是呀，看样子出事了。
(2) ㄱ: 웬 꽃이에요?
哪来的花?
ㄴ: 친구 생일이라서 선물하려고 샀어요.
朋友过生日，作为礼物买的。
(3) ㄱ: 저건 웬 건물이에요?
那是什么建筑?
ㄴ: 글쎄요, 전에 못 보던 건물인데요.
是呀，以前没有见过。
(4) ㄱ: 비도 안 오는데 웬 우산이에요?
又不下雨，带什么伞啊?
ㄴ: 아침에 날씨가 흐리길래 비가 올 줄 알고 가지고 나왔어요.
早晨阴天，以为要下雨，就带来了。
(5) ㄱ: 아니, 겨울에 웬 소나기예요?
哎呀，冬天下什么暴雨?
ㄴ: 글쎄 말이에요.
是啊。
(6) 이게 웬 떡이냐.
天上掉馅饼了。

2. -다니(요)

接动词或形容词后，表示否定前面的情况。名词后面用"-(이)라니요"。"-다니(요)"与"-기는요"的意义相近，常用于口语。

비싸다니요?→비싸지 않다

(1) ㄱ: 이 청소기는 소리가 커서 안 되겠어요.
这个吸尘器声音太大了。
ㄴ: 소리가 크다니요? 이 정도 소리가 안 나는 청소기는 없습니다.
声音大? 没有比这个声音再小的吸尘器了。
(2) ㄱ: 꽃이 좀 시들었네요.
花有点蔫儿了。
ㄴ: 시들기는요? 오늘 아침에 들여온 건데요.
蔫儿了? 今天早晨刚进的。
(3) ㄱ: 아이가 예의 바르네요.
孩子真懂礼貌。

ㄴ: 예의 바르다니요? 매일 말썽만 부리는데요.
懂礼貌? 每天都闯祸。
(4) ㄱ: 청청이 학교에 갔지?
青青去学校了吧?
ㄴ: 학교에 가다니요? 뭘 하는지 아직도 방에 있어요.
去学校? 不知道在干什么, 还在房间里呢。
(5) ㄱ: 이영우 씨 총각이지요?
李荣宇是未婚小伙吧?
ㄴ: 총각이라니요? 애가 둘이나 있는데요.
未婚小伙? 都有两个孩子了。
(6) ㄱ: 벌써 여름이네요.
已经是夏天了。
ㄴ: 벌써라니요? 지난주부터 푹푹 찌는데요.
已经? 从上周开始就热得要命。

3. -답다

接名词后, 将名词转为形容词, 表示具有该名词的典型特征。
(1) 이 영화배우 어때요? 참 남자답게 생겼지요?
这个电影演员怎么样? 长得很有男子汉样吧?
(2) 요즘은 남자다운 남자, 여자다운 여자를 찾아보기 힘들어요.
现在很难找到有男人味的男人, 有女人味的女人了。
(3) 우리도 인간답게 살고 싶어요.
我们也想活得体面。
(4) 수미 씨가 그동안 남몰래 양로원을 도와주고 있었대요. 역시 수미 씨다운 행동이지요?
听说这段时间, 秀美一直在悄悄地去养老院帮忙, 这才是秀美的所作所为啊, 是吧?
(5) 너답지 않게 왜 그래?
你怎么了? 这不像是你的风格啊。
(6) 전쟁 때문에 꽃다운 나이에 죽은 사람이 많습니다.
因为战争, 很多人在如花的年龄就死去了。

4. 차라리 - ㄴ 게 낫다

表示这半句的内容虽然也不十分理想, 但比前半句的内容还是要好一些。
(1) ㄱ: 포장이사하는 데 돈이 많이 들지요?
请搬家公司搬家需要花很多钱吧?
ㄴ: 그래도 웃돈을 달라고 하지 않으니까 포장이사하는 게 차라리 나아요.
即使如此, 由于搬家公司不收取额外费用, 所以反倒好些。

(2) ㄱ: 도시락을 싸는 데 힘이 너무 많이 들어요.
　　　准备带的饭太费事了。
　　ㄴ: 차라리 시켜 먹는 게 낫겠어요.
　　　倒不如订饭吃。

(3) ㄱ: 이종환 씨 어때요? 두 사람이 아주 잘 어울리는 것 같은데 결혼하지 그래요.
　　　李宗焕怎么样? 你们两个人看起来很般配, 结婚吧。
　　ㄴ: 그 사람하고 결혼하는 것보다 차라리 혼자 사는 게 낫겠어요.
　　　与其和那个人结婚, 倒不如独自生活好。

(4) ㄱ: 바쁘면 동생한테 좀 도와 달라고 하세요.
　　　如果忙就找你弟弟帮忙吧。
　　ㄴ: 차라리 동생이 없는 게 나아요. 동생이 있으면 오히려 방해가 돼요.
　　　我弟弟还不如不来呢, 来了反而添乱。

(5) ㄱ: 건강이 그렇게 좋지 않으면 며칠 병원에 입원하는 게 어때요?
　　　如果身体不太好, 住几天医院怎么样?
　　ㄴ: 그것보다는 어디 가서 며칠 쉬다 오는 게 낫겠어요.
　　　还不如去哪儿休息几天呢。

(6) ㄱ: 이 구두 밑창하고 굽을 갈려면 2만 원은 들겠는데요.
　　　这皮鞋要是换鞋底和鞋跟的话, 要花两万韩元。
　　ㄴ: 차라리 구두를 새로 사는 게 낫겠네요.
　　　那还不如买新皮鞋了。

【연습】

1. 다음과 같은 것을 본 경우에 '웬'을 사용하여 어떤 말을 할 수 있을까요? 그리고 이 말을 들었을 때의 대답을 〈보기〉와 같이 해 보세요.

　　〈보기〉 사람들이 많이 모여 있다.
　　　→ ㄱ: 저기에 웬 사람들이 저렇게 많아요?
　　　　ㄴ: 누가 온 모양이에요.

(1) 친구 지갑 안에 돈이 무척 많다.
　　→ ㄱ:
　　　ㄴ:

(2) 친구가 도서관에서 책을 10권이나 빌렸다.
　　→ ㄱ:
　　　ㄴ:

(3) 친구가 여행 가방을 들고 학교에 왔다.
　　→ㄱ:
　　　ㄴ:

(4) 교실에 못 보던 그림이 걸려 있다.
　　→ㄱ:
　　　ㄴ:

(5) 친구가 평소와는 달리 도시락을 가지고 학교에 왔다.
　　→ㄱ:
　　　ㄴ:

(6) 여름인데 친구가 감기에 걸렸다.
　　→ㄱ:
　　　ㄴ:

2. '-다니(요)'를 이용하여 다음 대화를 완성해 보십시오.

(1) ㄱ: 너 영호 씨랑 싸웠니?
　　ㄴ: _____.

(2) ㄱ: 너 지각했지?
　　ㄴ: _____.

(3) ㄱ: 아직 아무도 안 오셨지요?
　　ㄴ: _____.

(4) ㄱ: 음식이 맛이 없었지요?
　　ㄴ: _____.

(5) ㄱ: 바쁘신데 와서 폐만 잔뜩 끼치고 갑니다.
　　ㄴ: _____.

(6) ㄱ: 결혼하셨지요?
　　ㄴ: _____.

3. 다음 표현을 이용하여 문장을 만들어 보십시오.

(1) 인간답다
(2) 남자답다
(3) 여자답다
(4) 너답다
(5) 꽃답다
(6) ○○ 씨답다

4. 다음과 같은 상황에서 한 친구가 의견을 제시했습니다. 그러자 다른 사람이 그것보다 더 나은 의견을 제시합니다. '-ㄴ 게 낫다'를 이용하여 이야기해 보십시오.

　　(1) 친구들과 야외로 놀러 가기로 한 날 아침에 비가 온다.
　　(2) 어머니 생신 선물을 결정해야 한다.
　　(3) 컴퓨터를 구입할 가게를 결정해야 한다.
　　(4) 한국어를 잘하고 싶다.
　　(5) 다음 학기에 쓸 돈을 벌기 위해 방학 동안 아르바이트를 해야 한다.
　　(6) 감기몸살에 걸렸다.

5. 다음에 대해 이야기해 보세요.

　　(1) 결혼을 꼭 해야 한다고 생각합니까?
　　(2) 독신으로 살고 싶습니까? 아니면 결혼을 하고 싶습니까?
　　(3) 여러분의 이상적인 배우자상은 어떤 모습입니까?
　　(4) 여러분은 '직업, 집안, 경제력, 외모, 성격' 등이 결혼을 결정하는 데 중요하다고 생각합니까? 중요하다고 생각하는 것부터 순서를 정해 보십시오.
　　(5) 결혼할 때 받고 싶은 선물과 주고 싶은 선물은 무엇입니까?
　　(6) 어디로 신혼여행을 가고 싶습니까?

6. 중국의 일반적인 결혼 풍습에 대해 써 보십시오.

7. 다음 문장을 한국어로 번역하십시오.

　　(1) 哪来的蛋糕啊？今天是谁的生日吗？
　　(2) 让世民来帮忙，倒不如我自己做呢。
　　(3) 这次考试简单？我觉得都不一定能通过呢。
　　(4) 这才10月份，下什么雪啊？
　　(5) ——太贵了，便宜点吧。
　　　　——贵吗？已经是打折的价格了。
　　(6) 这么简单的事情，与其请别人帮忙，还不如自己做呢。
　　(7) ——青青，你现在上几年级了？
　　　　——几年级？我都工作2年了。
　　(8) 现在我们的行动应该符合大学生的身份。
　　(9) 去书店买书还不如在网上买呢，又快又便宜。
　　(10) 世民，你怎么有这么多钱？中奖了？

【보충단어】

각광을 받다（词组）受人注目，引人注目
밑창（名）鞋底　　　　　　　　　시들다（自）枯萎，蔫
예단（名）礼单　　　　　　　　　예의 바르다（词组）有礼貌
웃돈（名）额外费用，加钱
이게 웬 떡이냐（惯用型）哪里来的好事？天上掉下馅饼了吗？
이맘때（词组）这时候　　　　　　절（名）行礼
청소기（名）吸尘器　　　　　　　푹푹 찌다（词组）闷热
포장이사하다（自）请搬家公司搬家　　풍습（名）风俗

속담

강 건너 불구경/ 강 건너 불 보듯 하다.

隔岸观火，比喻发生事情时袖手旁观。

第9课　招待与访问
초대와 방문

(1)
장　　걸: 김 선생님, 오랜만입니다. 요즘 어떻게 지내셨습니까?
김 선생: 덕분에 잘 지냈습니다. 마침 잘 만났군요. 안 그래도 장걸 씨에게 한번 연락 드리려고 했었는데.
장　　걸: 무슨 일이 있으세요?
김 선생: 제가 얼마 전에 이사를 했거든요. 그래서 집들이를 할까 합니다. 이번 주 토요일 오후에 바쁘지 않으시면 저희 집에 오세요. 지영 씨와 세민 씨도 온다고 했습니다.
장　　걸: 그래요? 그럼 당연히 가야죠. 가고 말고요. 그런데 새로 이사한 집은 어디인가요?
김 선생: 바로 학교 근처입니다. 학교 교문에서 동쪽으로 걸어서 10분이면 충분합니다.
장　　걸: 직장 가까운 곳으로 이사를 해서 정말 좋으시겠어요. 그런데 위치를 좀 정확히 알려주시죠.
김 선생: 약도를 그려 드릴게요.

(김 선생의 집)
김 선생: 어서 오세요, 장걸 씨. 어, 지영 씨와 세민 씨도 함께 오셨네요. 잘 찾아오셨군요.
장　　걸: 약도를 잘 그려 주셔서 쉽게 찾았어요. 이거 집들이 선물입니다.

73

김 선생: 고맙습니다. 그냥 오셔도 되는데 뭘 이런 걸 사 오셨어요? 야! 집들이 선물로 세제와 화장지를 다 사오시다니 장걸 씨도 이제 한국 사람 다 됐네요.
장 걸: 집들이 때 세제와 화장지를 사간다는 말을 지영 씨에게 들었어요.
지 영: 집이 깨끗하고 넓은 데다가 전망도 아주 좋네요.
김 선생: 그래도 집을 지은 지가 오래 되어서 손 볼 곳이 한두 군데가 아닙니다.
세 민: 그런 건 사시면서 하나씩 고치면 되지요.
김 선생: 맞아요. 우리도 그럴 생각이에요. 시장하시지요? 우선 식사부터 하시죠. 차린 것은 없지만 많이 드시고, 천천히 놀다 가세요.
장 걸: 와! 정말 많이 준비하셨네요. 많이 힘드셨겠어요. 정말 맛있어 보이네요.

(2)
  초대와 방문은 서로의 교제를 깊게 하는 데 큰 역할을 한다. 그래서 한국인들은 사람들을 집에 초대하여 친밀감을 느낄 수 있는 계기를 마련하는 것을 좋아한다.
  한국의 가정은 주로 좌식 생활을 한다. 그래서 현관에 들어서서는 반드시 신발을 벗고 안으로 들어가야 한다. 손님일 경우 맨발보다는 양말이나 스타킹을 신고 방문하는 것이 좋다.
  한국말에 '상다리가 부러지게'라는 표현이 있다. 손님을 초대하거나 잔칫날에는 한국인들은 많은 음식을 차려 손님 접대를 한다. 많은 음식을 차려야 예의에 맞다고 생각하기 때문이다.
  상은 전채에서부터 고기요리, 음료와 후식까지 골고루 한꺼번에 차리고 밥도 곁들여 놓는다. 밥을 먹을 때는 주로 숟가락과 젓가락을 함께 사용한다. 윗사람이 수저를 든 후 아랫사람이 따라 들고, 식사 중에는 음식 먹는 소리 등을 내지 않도록 한다. 또한, 밥은 한쪽에서 먹어 들어가며 국은 그릇째 들고 마시지 않는다.
  예전에는 식사를 하면서 말을 하는 것을 예의에 어긋난다고 생각했지만 지금은 가볍게 대화를 나누며 식사하는 것을 자연스럽게 여긴다. 식사 속도를 윗사람에게 맞추는 것이 예의이며, 윗사람이 식사를 마치고 일어서면 따라 일어서야 한다.

【발음】

연락 〔열락〕   저희 〔저히〕

【새단어】

-고 말고요 (词尾) 表示"当然"   교문 (名) 校门
교제 (名) 交往, 交际   그릇째 (名) 碗, 器皿
-ㄴ 데다가 (词尾) 表示"又……又……" "不仅……而且……"

第9课　招待与访问 초대와 방문

마련하다（他）准备，安排
상다리가 부러지다（词组）（桌腿儿压弯了）形容准备的饭菜十分丰盛
스타킹（名）长筒丝袜；运动长筒袜
어긋나다（自）不合，违背，错开
잔칫날（名）办宴会、酒席的那天
전채（名）餐前小吃，开胃菜
직장（名）（工作）单位
친밀감（名）亲密感
화장지（名）卫生纸
후식（名）饭后甜点（包括水果、冰激凌等）
맨발（名）光脚，赤脚
시장하다（形）饥，饿
어쨌든（副）无论怎样
전망이 좋다（词组）视野很好
좌식（名）坐式
집들이（名）搬家请客
하나씩（副）一个一个地

【기본문형】

1. -고 말고요

"-고 말고요" 接动词或形容词后，表示完全同意前面的内容。

(1) ㄱ: 내일이 제 생일이에요. 꼭 와 주세요.
　　　明天是我的生日，请你一定来啊。
　　ㄴ: 가고 말고요. 몇 시까지 가면 됩니까?
　　　当然要去，几点去好呢?

(2) ㄱ: 축하합니다. 득남하셨다고요? 참 기쁘시죠?
　　　恭喜你，听说生了个儿子? 很高兴吧?
　　ㄴ: 기쁘고 말고요.
　　　那还用说。

(3) ㄱ: 승진하셨다면서요? 한턱 내십시오.
　　　听说您高升了? 那得请客啊。
　　ㄴ: 한턱 내고 말고요. 내일 저녁 어떻습니까?
　　　当然要请，明天晚上怎么样?

(4) ㄱ: 문수 씨 태권도 잘해요?
　　　文洙的跆拳道（打得）好吗?
　　ㄴ: 잘하고 말고요. 벌써 3년이나 배웠는데요.
　　　那还用说，已经学了三年了。

(5) ㄱ: 오늘 모임에 왕단 씨도 왔습니까?
　　　王丹也来参加今天的聚会了吗?
　　ㄴ: 오고 말고요. 제일 먼저 왔습니다.
　　　当然来了，而且来得还最早。

(6) ㄱ: 이 책 읽어 보셨습니까?
　　　这本书（你）读过吗？
　　ㄴ: 그럼요, 읽어 보고 말고요. 벌써 세 번이나 읽었어요.
　　　当然读过，已经读了三遍了。

2. -ㄴ 데다가

接动词或形容词后，表示后半句内容补充说明前半句的内容。当前后句时态一致时，动词词干（包括있다, 없다）后接"-는 데다가"，形容词词干后接"-(으)ㄴ 데다가"。当前半句中的动作结束后，后半句内容才做补充时，在动词词干后接"-(으)ㄴ 데다가"。

(1) ㄱ: 오늘 왜 이렇게 늦었어요?
　　　今天怎么这么晚？
　　ㄴ: 퇴근 시간인 데다가 비까지 와서 늦었어요.
　　　赶上下班高峰又加上下雨，所以来晚了。
(2) ㄱ: 진문수 씨는 어떤 사람입니까?
　　　陈文洙是一个什么样的人？
　　ㄴ: 참 괜찮은 사람이에요. 머리가 좋은 데다가 노력도 많이 하는 사람이에요.
　　　是一个很不错的人，不仅头脑聪明而且肯用功。
(3) ㄱ: 어디 아파요? 안색이 안 좋은데요.
　　　（你）哪儿不舒服吗？脸色不好。
　　ㄴ: 어젯밤에 잠을 못 잔 데다가 열이 좀 있어요.
　　　昨晚没睡好，而且还有点儿发烧。
(4) ㄱ: 저 식당 괜찮지요?
　　　那家餐馆不错吧？
　　ㄴ: 네, 음식도 맛있는 데다가 값도 다른 집에 비해 싸요.
　　　是的，不仅饭菜好吃，而且价格也比别的餐馆便宜。
(5) ㄱ: 여행 재미있었어요?
　　　（这次）旅行有意思吗？
　　ㄴ: 날씨도 추운 데다가 바람도 많이 불어서 고생만 하고 왔어요.
　　　天冷，加上刮风，吃了不少苦。
(6) ㄱ: 이번에 강원도로 여행을 다녀오셨다면서요?
　　　听说（你）去江原道旅行了？
　　ㄴ: 네, 강원도는 공기가 맑은 데다가 경치도 아주 좋았어요.
　　　是的，江原道不仅空气清新，而且风景秀丽。

3. 피동 접미사 '-이-,-히-,-리-,-기-'

韩国语的被动形是在动词词干后加"-이-, -히-, -리-, -기-"等后缀构成的。

每个动词后面所加的后缀都有所不同，因此要一一记牢。下表例词为常用动词的被动形。

-이-	보이다, 쓰이다, 쌓이다, 섞이다, 놓이다
-히-	먹히다, 닫히다, 잡히다, 막히다, 밟히다
-리-	들리다, 열리다, 물리다, 밀리다, 풀리다
-기-	찢기다, 안기다, 끊기다, 담기다, 빼앗기다, 잠기다

(1) 글씨가 작아서 안 보입니다. 좀 더 크게 써 주십시오.
   字太小看不清，请再写大一点。
(2) 칠판에 뭐라고 쓰여 있어요?
   黑板上写的什么？
(3) 4시 35분에 은행에 갔더니 문이 닫혀 있었습니다.
   4点35分去的银行，（结果）已经关门了。
(4) 버스 안에 사람이 많아서 발을 여러 번 밟혔어요.
   大巴车里人很多，我的脚被踩了好几次。
(5) 소리가 잘 안 들립니다. 크게 말씀해 주십시오.
   听不太清楚，请大点声。
(6) 바람에 문이 자꾸 열립니다.
   门总是被风吹开。
(7) 강도에게 지갑을 빼앗겼습니다.
   钱包被一个打劫的抢走了。
(8) 문이 잠겨 있는 걸 보니 어디 갔나 봐요.
   门是锁着的，看来出去了。

【연습】

1. 〈보기〉처럼 '-고 말고요'를 이용해서 대답해 보십시오.

   〈보기〉 ㄱ: 김민호 씨를 아십니까?
   　　　 ㄴ: 알고 말고요. 제 대학 동창인데요.

   (1) 일본어를 할 줄 압니까?
   (2) 만리장성에 가 보았습니까?
   (3) 운전을 배웠습니까?
   (4) 중국 음식이 맛이 있습니까?
   (5) 요즘도 바쁘십니까?
   (6) 음악을 좋아하십니까?

2. '-ㄴ데다가'를 이용해서 대답해 보십시오.

(1) ㄱ: 여행이 재미있었습니까?
　　ㄴ: 네, _____.
(2) ㄱ: 시험을 잘 봤습니까?
　　ㄴ: 아니요, _____.
(3) ㄱ: 오늘 왜 그렇게 기분이 좋아요?
　　ㄴ: _____.
(4) ㄱ: 한국 생활이 즐겁습니까?
　　ㄴ: _____.
(5) ㄱ: 대도시의 생활은 어떤 점이 불편합니까?
　　ㄴ: _____.
(6) ㄱ: 왜 화가 났어요?
　　ㄴ: _____.

3. 〈보기〉에 있는 단어의 피동형을 이용해서 _____에 알맞는 말을 넣으십시오.

　　〈보기〉
　　열다, 닫다, 잡다, 찢다, 쓰다, 보다, 물다, 놓다
　　섞다, 막다, 밟다, 듣다, 밀다, 풀다, 끊다, 빼앗다

(1) 강도가 경찰에게 _____.
(2) 길이 많이 _____ 늦었어요.
(3) 저는 눈이 나빠서 간판이 잘 안 _____.
(4) 여기에서는 남산이 잘 안 _____.
(5) 내 수첩에는 친구들 전화번호가 _____.
(6) 좀 조용히 해 주세요. 소리가 하나도 안 _____.
(7) 9시쯤 은행에 갔더니 아직 문이 안_____.
(8) 석환 씨가 개한테 다리를 _____.
(9) 사슴이 사자한테 _____.
(10) 책상 위에 예쁜 인형이 _____.

4. 피동형을 이용하여 다음 그림을 설명하십시오.

5. 다음에 대해 이야기해 보세요.

   (1) 여러분 나라에서는 보통 무슨 일로 남을 초대합니까?
   (2) 여러분은 언제 친구를 초대합니까?
   (3) 여러분 나라에서는 남의 집을 방문할 때 보통 무엇을 가지고 갑니까?
   (4) 남의 집을 방문할 때 주의해야 하거나 꼭 지켜야 할 예절이 있습니까?

6. 다음 글을 읽고 질문에 대답하십시오.

                                초대의 글

   쌀쌀한 가을 날씨에 안녕하셨습니까?
   　우리 학회에서는 제10회 학술 대회를 '현대 사회와 독서'라는 주제로 10월 29일(목요일)에 동숭동에 있는 흥사단에서 열기로 하였습니다.
   　현대 사회는 정보화 사회라고 합니다. 이러한 현대 사회에서 독서의 역할과 의미는 어떤 것인지를 함께 살펴보려고 합니다. 바쁘시겠지만 꼭 참석해 주시면 감사하겠습니다.

                                               2015.9.24
                                      한국독서학회 회장 이인하

   (1) 위의 내용과 같은 글을 보통 무엇이라고 합니까?
   (2) 학술 대회의 주제는 무엇입니까?
   (3) 학술 대회는 언제 열립니까?
   (4) 학술 대회는 어디에서 열립니까?
   (5) 한국독서학회라는 곳은 어떤 곳인 것 같습니까?

7. 여러분 가정이나 학과에 특별한 행사가 있습니다. 손님을 초대하는 내용의 초대장을 써 보십시오.

8. 다음 문장을 한국어로 번역하십시오.

   （1）——你懂韩国语吗？
   　　——当然懂了，我是韩国语专业的学生。
   （2）由美不仅长得漂亮，而且性格很好，所以很有人缘。
   （3）刚才电话突然断了。
   （4）这双运动鞋的鞋带总松开。
   （5）——成俊的女朋友漂亮吗？
   　　——当然漂亮了，据说以前当过模特儿。
   （6）中午吃了很多，下午还吃了很多零食，所以现在一点儿都不饿。
   （7）桌子上放着书。

（8）——这周六上午我办婚礼，希望你参加啊。
　　　——当然要参加了，婚礼在哪儿办啊？
（9）据说被警察抓到的那个小偷是个未成年人。
（10）这部电影不仅有意思，而且很有教育意义。

【보충단어】

감동적（名）动人，感人	그다지（副）并不怎么……
끊기다（被）"끊다"的被动态	담기다（自）"담다"的被动态
독서（名）读书	득남하다（自）生了儿子
들리다（自）"듣다"的被动态	
레미제라블（名）《悲惨世界》（［法］雨果）	
막히다（自）"막다"的被动态	먹히다（自）"먹다"的被动态
물리다（自）"물다"的被动态	밀리다（自）"밀다"的被动态
밟히다（自）"밟다"的被动态	빼앗기다（自）"빼앗다"的被动态
섞이다（自）"섞다"的被动态	승진하다（自）升职
쌓이다（自）"쌓다"的被动态	안기다（自）"안다"的被动态
어른스럽다（形）像大人似的	역할（名）作用
잡히다（自）"잡다"的被动态	정보화（名）信息化
주제（名）主题	쫓기다（自）"쫓다"的被动态
추위（名）寒冷	풀리다（自）"풀다"的被动态
학술대회（名）学术会议	학회（名）学会
한턱내다（词组）请客	현대 사회（名）现代社会
회장（名）会长	흥사단（名）兴士团

속담

굼벵이도 구르는 재주가 있다.

这句话的字面意思是"核桃虫也有躬身的本事"。相当于汉语的"尺有所短，寸有所长"。

第10课 压力与疾病
스트레스와 병

(1)

문 수: 지영 씨, 안색이 너무 안 좋아요. 혹시 어디 아파요?

지 영: 머리가 좀 아파요. 요즘 공부를 하느라 며칠 밤을 샜거든요.

홍 단: 그렇게 열심히 하니까 언제나 1등을 놓치지 않는군요. 역시 지영 씨는 우등생이라 부를 만하네요.

지 영: 우등생이라니요. 그냥 열심히 하는 것 뿐인데요.

문 수: 나는 공부 생각만 하면 스트레스가 쌓이고 머리가 지끈지끈해요. 지영 씨는 공부를 잘 하니까 그렇지 않지요?

지 영: 왜요? 저도 스트레스를 받아요. 심할 때는 아무 것도 먹지 못하고 누워 있어야 할 지경이지요.

홍 단: 그래요? 나는 지영 씨는 워낙 공부를 잘해서 스트레스를 전혀 안 받는 줄 알았어요.

지 영: 세상에 그런 사람이 어디 있어요? 하하하…

(2)

　　스트레스(stress)는 현대인들이 입에 달고 사는 말입니다. 스트레스는 적응하기 어려운 환경에 처할 때 느끼는 심리적, 신체적 긴장이나 불안 상태를 의미합니다. 요즘처럼 경쟁이 치열한 사회에서 사람들은 어쩔 수 없이 스트레스를 받습니다. 이런 긴장 상태가 오래 지속되면 심장병이나 불면증, 우울증 같은 질병으로 발전할 수 있습니다. 따라서 스트레스를 제대로 관리하고 적절하게 해소하는 것이 매우 중요합니다. 스트레스가 쌓이면 병이 되지만, 잘 활용하면 자신을 발전시키는 열쇠가 될 수도 있기 때문입니다.

【새 단어】

안색 （名）脸色
놓치다 （他）放过，错失
우등생 （名）优等生
스트레스 （名）压力
지끈지끈하다 （动）头一阵阵地疼，钻心地疼
지경 （依存名词）境地，地步，状况
워낙 （副）原来，本来
적응 （名）适应
처하다 （自）处，处于
긴장 （名）紧张
경쟁 （名）竞争
어쩔 수 없다 （词组）没有办法
심장병 （名）心脏病
우울증 （名）忧郁症，抑郁症
관리 （名）管理
해소 （名）消解，排除

밤을 새다 （词组）熬夜
역시 （副）也，还是，果然
뿐 （助）只有，就
쌓이다 （自）成堆，积，压
입에 달고 살다 （词组）挂在嘴边
환경 （名）环境
심리적 （冠，名）心理的
불안 （名）不安
치열하다 （形）激烈
지속 （名）持续
불면증 （名）失眠症
질병 （名）疾病
적절하게 （副）合适地
활용 （名）利用，运用

【기본문형】

1. 만하다 "跟……一样"。

用在名词后面表示到达某种程度。

例如：(1) ㄱ: 청청씨방은 얼마나 커요?
　　　　　青青的房间多大?
　　　　ㄴ: 이 교실 반 만해요.
　　　　　有这个教室的一半大。
　　　(2) ㄱ: 시장에 다녀오셨어요?
　　　　　去市场了吗?
　　　　ㄴ: 네, 그런데 웬 물가가 그렇게 올랐어요? 손바닥만한 게 한 마리가 만 원이나 하는 거 있지요.
　　　　　是。可物价怎么涨了这么多？巴掌大的螃蟹就一万韩元一只。
　　　(3) ㄱ: 문수씨 동생도 문수씨처럼 키가 커요?
　　　　　文洙，你弟弟也像你这样高吗?
　　　　ㄴ: 네, 저 만해요.
　　　　　是，和我一样。

(4) ㄱ: 북경은 아주 넓지요?
　　　北京很大吧?
　ㄴ: 그럼요. 아마 서울의 세 배 만할 겁니다.
　　　当然，可能是首尔的三倍。
(5) ㄱ: 이선생님께 병원에 입원하셨다는 소식을 들었는데요. 어디가 편찮으신겁니까?
　　　听说李先生住院了，是哪儿不舒服呢?
　ㄴ: 뱃속에 주먹 만한 혹이 생겼답니다.
　　　听说肚子里长了个像拳头那么大的肿瘤。
(6) ㄱ: 부인께서 다음달에 아기를 낳으실 거라면서요?
　　　听说您太太下个月要生孩子了?
　ㄴ: 네, 그래서 지금 배가 남산 만합니다.
　　　是的，所以现在正挺着大肚子。

2. 被动词尾 "-이,-히,-리,-기"

韩国语的被动形是在动词词干后加 "-이-,-히-,-리-,-기-" 等后缀构成的。每个动词后面所加的后缀都有所不同，因此要一一记牢。下表例词为常用动词的被动形。

놓다: 놓(어간)+ 이(피동 접사)+ 다--->놓이다(피동사)
먹다: 먹(어간)+ 히(피동 접사)+ 다--->먹히다(피동사)

-이-	보이다, 쓰이다, 쌓이다, 놓이다, 섞이다
-히-	먹히다, 닫히다, 잡히다, 막히다, 밟히다
-리-	물리다, 찔리다, 떨리다, 들리다, 열리다, 밀리다, 풀리다
-기-	빼앗기다, 찢기다, 뜯기다, 쫓기다, 안기다, 잠기다, 끊기다

例如: (1) 글씨가 작아서 안 보입니다. 좀더 크게 써 주십시오.
　　　字太小看不清楚，请再写大一点。
(2) 칠판에 뭐라고 쓰여 있어요?
　　　黑板上写的什么?
(3) 4시 35분에 은행에 갔더니 문이 닫혀 있었습니다.
　　　4点35分去的银行，结果已经关门了。
(4) 버스 안에 사람이 많아서 발을 여러 번 밟혔어요.
　　　公共汽车里人很多，我的脚被踩了好几次。
(5) 소리가 잘 안 들립니다. 크게 말씀해 주십시오.
　　　听不清楚，请大点声。

(6) 바람에 문이 자꾸 열립니다.
门总是被风刮开。

(7) 강도에게 지갑을 빼앗겼습니다.
钱包被强盗抢走了。

(8) 문이 잠겨 있는 걸 보니 어디 갔나 봐요.
门是锁着的，看来人出去了。

3. -을/ㄹ 지경이다 "快……" "差不多……"

用于动词的后面，表示达到一定的程度。"지경"的意思是"境地"。"-ㄹ 정도로"相比更带有夸张意味，并且多用于贬义的情况。

例如：(1) ㄱ: 요즘 사업 경기가 좀 어떠십니까?
最近生意怎么样？
ㄴ: 말도 마세요. 불경기라 죽을 지경입니다.
别提了，因为不景气，都要愁死人了。

(2) ㄱ: 안색이 안좋아요, 어디 아파요?
你的脸色不好，哪儿不舒服吗？
ㄴ: 요즘 좀 과로를 했더니 피곤해 쓰러질 지경이에요.
最近由于过度劳累，都快累趴下了。

(3) ㄱ: 빨리 먹을 것을 좀 주세요. 배가 고파 죽을 지경이에요.
赶快给弄点儿吃的，我都快饿死了。
ㄴ: 잠깐만 기다리세요. 아무리 배가 고파도 밥상 차릴 시간은 주셔야지요.
请稍等，再饿也得给我点儿准备饭的时间啊。

(4) ㄱ: 요즘 바쁘신 모양이에요.
你最近好像很忙啊。
ㄴ: 네, 너무 바빠서 잠잘 시간도 모자랄 지경이에요.
可不是吗，忙得连睡觉的时间都不够了。

(5) ㄱ: 물가가 얼마나 올랐는지 기가 막힐 지경이에요.
物价上涨得简直让人难以接受。
ㄴ: 맞아요. 저도 어제 시장에 나갔다가 물건값을 보고 깜짝 놀랐어요.
可不是吗，昨天我到市场去，看到商品的价格吓了一跳。

(6) ㄱ: 요즘 두 사람 사이가 심각하다면서요?
听说最近两个人的关系很紧张？
ㄴ: 네, 그렇지만 헤어질 지경에 이른 것은 아니에요.
是啊，不过还没到分手的地步。

4. -면 "当……时候" "如果……的话"

接动词或形容词后,表示假设或"在某时总是怎样"。

在不包含希望、意志、计划等意义的陈述句和疑问句中,表示以以前的经验为基础,得出"在某时总是怎样"的结论。但是在祈使句、共动句和包含意志、希望、计划的句子中,则表示假设。

날씨가 좋으면 기분도 좋아요.
아이스크림을 먹으면 배가 아파요.
비가 오면 산에 가지 마세요.
지영씨가 오면 같이 갑시다.

例如:(1) ㄱ: 시간이 있을 때 뭘 하세요?
有时间时你做什么?
ㄴ: 저는 시간이 나면 영화를 보러 가요.
我有时间就去看电影。

(2) ㄱ: 커피 드릴까요?
您喝咖啡吗?
ㄴ: 커피 말고 녹차 주세요. 저는 커피를 마시면 잠이 안 와서요.
不要咖啡,请给绿茶吧。我喝咖啡睡不着觉。

(3) ㄱ: 비가 와도 체육대회를 할 거예요?
下雨也开运动会吗?
ㄴ: 아니요, 비가 오면 안 할거예요.
不,下雨就不开了。

(4) ㄱ: 일이 아직 많이 남았습니까?
工作还剩下很多吗?
ㄴ: 네, 한 시간쯤 더해야 할 것 같습니다. 바쁘면 먼저 가십시오.
是,看来还得再干一个小时左右。如果忙,请先走吧。

(5) ㄱ: 집안 일 다 끝냈으면 바람쐬러 나갑시다.
家务活要是都干完了,去外面散散心吧。
ㄴ: 아직 다림질이 남았어요.
还有熨衣服的活没干呢。

(6) ㄱ: 내일 다시 병원에 와야 할까요?
明天还得再来医院吗?
ㄴ: 이 약을 먹고 차도가 없으면 다시 오세요.
吃了这个药如果还不好,就再来一次。

【연습】

1. 다음의 크기나 넓이를 '-만하다'를 이용해 다른 것과 비교해 설명해 보십시오.

   (1) 자기 방의 넓이
   _____

   (2) 가족 중 키가 제일 큰/작은 사람의 키
   _____

   (3) 지금까지 본 것 중에서 제일 큰/작은 동물
   _____

   (4) 자기 마음의 넓이
   _____

2. 〈보기〉처럼 '-(으)ㄹ지경이다'를 이용해서 대답해 보십시오.

   例如: ㄱ: 꾀병 아니에요?
   　　　ㄴ: 꾀병이라니요? 머리가 아파서 죽을 지경이에요.

   (1) ㄱ: 그동안 왜 그렇게 연락을 안 했어요?
   　　ㄴ:_____.

   (2) ㄱ: 요즘 많이 바쁘십니까?
   　　ㄴ:_____.

   (3) ㄱ: 우리 내일 같이 등산갑시다.
   　　ㄴ: 미안해요._____.

   (4) ㄱ: 여행이 즐거웠습니까?
   　　ㄴ:_____.

   (5) ㄱ: 컨디션이 좋아 보입니다.
   　　ㄴ: 네,_____.

   (6) ㄱ: 시험 난이도가 높았다면서요?
   　　ㄴ:_____.

3. 〈보기〉에 있는 단어의 피동형을 이용해서 ( )에 알맞는 말을 넣으십시오.

   〈보기〉
   서다, 닫다, 잡다, 찢다, 쓰다, 보다, 물다, 놓다
   섞다, 막다, 밟다, 듣다, 밀다, 풀다, 끊다, 빼앗다

   (1) 강도가 경찰에게 (　　　).
   (2) 길이 많이 (　　　) 늦었어요.

(3) 저는 눈이 나빠서 간판이 잘 안 (　　　).
(4) 여기에서는 남산이 잘 안 (　　　).
(5) 내 연락처에는 친구들 전화번호가 (　　　).
(6) 좀 조용히 해주세요. 소리가 하나도 안 (　　　).
(7) 9시쯤 쇼핑센터에 갔더니 아직 문이 안 (　　　).
(8) 석환씨가 개한테 다리를 (　　　).
(9) 사슴이 사자한테 (　　　).
(10) 책상 위에 예쁜 인형이 (　　　).

4. 피동형을 이용하여 다음 그림을 설명하십시오.

   <그림 설명>
   창문이 하나는 열려 있고, 하나는 닫혀 있으며, 문이 열려 있다. 칠판에는 낙서가 되어 있고, 탁자 위에는 꽃병이 놓여 있다. 교실에서 장난 치는 학생, 한 친구가 다른 친구에게 쫓기고 있다. 교실 뒤에는 쓰레기가 잔뜩 쌓여 있다.

5. 다음과 같은 경우에 여러분은 어떻게 하겠습니까? '-면'을 이용해 이야기해 보십시오.

   (1) 여자친구(남자친구)의 생일을 깜빡 잊었다.
   (2) 식당에 가서 밥을 먹고, 계산하려고 보니 지갑이 없다.
   (3) 빌게이츠처럼 재산이 많다.
   (4) 길에서 소매치기를 만났다.
   (5) 천사가 나타나 한 가지 소원을 들어준다고 한다.
   (6) 앞으로 1개월 밖에 살지 못한다.

6. 대학을 졸업한 후 취직을 할 지 대학원에 진학해 학업을 계속 할 지 고민하는 친구가 있습니다. 이 친구는 공부를 하고 싶지만 돈 문제 때문에 어쩔 수 없이 취직을 해야 합니다. 내가 만일 이 친구라면 어떤 선택을 할까요? 네 사람씩 조를 이루어 의견을 나눈 후 정리하여 발표해 보십시오.

7. 다음은 한 취업 준비생의 글입니다. 취업 준비로 인한 스트레스를 해소할 방법을 문의하고 있습니다. 자신 만의 스트레스 해소법이 있습니까? 만약 있다면 그에게 스트레스 해소법을 소개하는 글을 자세히 써 말해 주십시오.

   요즘은 취업 걱정에 잠을 잘 못 자요. 불규칙한 식습관에다 폭식을 해서 속이 너무 답답하고 소화도 잘 안되고 항상 피곤한거 같아요 그리고 요즘 부쩍 다리 떠는 것도 심해진 거 같아요 이런 게 스트레스 증세 맞지요? 혹시 좋은 스트레스 해소법이 있으면 소개해 주세요.

8. 다음 문장을 한국어로 번역하십시오.

（1）宿舍房间只有我家的三分之一大。
（2）我昨天买了一个手掌大的电子词典。
（3）桌子上放着书。
（4）周末天气好的话，我们去爬山吧。
（5）最近经济不景气，很多店已经到了关门的地步。
（6）刚才电话突然断了。
（7）心情好的话，你一般会做些什么？
（8）这双运动鞋的鞋带总开。
（9）最近很多事情不顺利，我简直要郁闷死了。
（10）那件衣服要是小的话，你就把它送给妹妹吧。

【보충단어】

주먹（名）拳头	손바닥（名）手掌
불경기（名）不景气	편찮다（形）不舒服，不适
혹（名）瘤	들리다（自）"듣다"的被动态
막히다（自）"막다"的被动态	먹히다（自）"먹다"的被动态
물리다（自）"물다"的被动态	밀리다（自）"밀다"的被动态
밟히다（自）"밟다"的被动态	빼앗기다（自）"빼앗다"的被动态
섞이다（自）"섞다"的被动态	쌓이다（自）"쌓다"的被动态
안기다（自）"안다"的被动态	잡히다（自）"잡다"的被动态
쫓기다（自）"쫓다"的被动态	풀리다（自）"풀다"的被动态
끊기다（自）"끊다"的被动态	낙서（名）乱写，乱画，涂鸦
과로（名）过劳，过度疲劳	꾀병（名）装病
밥상（名）餐桌，饭桌	심각하다（形）严重，重大
다림질（名）熨	차도（名）（病情）有起色，有好转
컨디션（名）状态，状况	난이도（名）难易度，难度
연락처（名）联系方式	빌게이츠（名）比尔·盖茨
소매치기（名）小偷，扒手	재산（名）财产
학업（名）学业	고민（名）苦闷，苦恼
선택（名）选择	의견（名）意见
조（名）组	식습관（名）饮食习惯
폭식（名）暴食	부쩍（副）猛地，明显，显著
떨다（自，他）抖，发抖	

第10课　压力与疾病 스트레스와 병

속담

감나무 밑에 누워서 감떨어지기를 기다린다.

这句话的字面意思是"躺在柿树下等着柿子掉下来"。相当于汉语的"等着天上掉馅饼""守株待兔"。

文化阅读 2

빨간날과 공휴일

달력을 보면 빨간색으로 표시된 빨간날이 있다. 달력상에서 공휴일, 일요일 등의 빨갛게 표시되는 쉬는 날을 빨간날이라 한다. 빨간날은 '법정 공휴일'이라 한다. 이것은 '관공서의 공휴일에 관한 규정(대통령령)'에 의해 공휴일이 된 날을 말한다. 한국의 법령에 따르면 법정 공휴일은 일요일을 포함해, 국경일, 1월 1일, 음력 1월 1일(설날)과 그 설날 전후 이틀, 석가탄신일(음력 4월 8일), 어린이날(5월 5일), 현충일(6월 6일), 음력 8월 15일(추석)과 추석 전후 이틀, 성탄절(12월 25일), 선거일 등 정부에서 수시로 지정하는 날 등이다.

이밖에 국경일도 빨간날이다. 국경일은 나라의 경사를 기념하기 위하여, 국가에서 법률로 정한 경축일을 말한다. 한국의 국경일은 「국경일에 관한 법률」이 정한 것으로 3·1절, 제헌절, 광복절, 개천절, 한글날을 말한다. 그 중 3.1절은 일제 강점기였던 1919년 3월 1일 한국인들이 일본 제국주의에 맞서 용감하게 독립선언서를 발표하며 독립만세를 외친 날을 기념하기 위한 것이다. 대한민국 헌법 공포를 기념하는 날인 제헌절은 7월 17일이고, 최초 국가인 고조선 건국을 기념하기 위해 제정된 개천절은 10월 3일이다. 광복절은 1945년 8월 15일에 2차 세계대전 종결로 한민족이 해방되고, 대한민국이 건국된 날을 기리기 위한 날로 한국의 대표적인 국경일이다. 2008년부터는 제헌절이 공휴일에서 제외되었다. 한편, 한글날은 1991년 공휴일에서 제외되었다가, 2013년부터 공휴일로 다시 지정되었다. 2016년 현재, 한국의 빨간날 즉, 법정 공휴일은 총 68일이나 된다.

第11课 纸巾与糖
휴지와 합격엿

(1)

문 수: 지영씨네 집들이 선물을 아직도 못샀어요. 왕룡 씨는요?

왕 룡: 저는 어제 마트에 가서 사려다가 그냥 왔어요. 아무래도 물어보고 사는 게 나을 것 같아서요.

홍 단: 집들이 선물인데 뭘 그렇게 고민을 해요? 휴지나 세제야말로 집들이 선물로 딱이지요.

문 수: 그건 너무 흔하잖아요. 뭔가 특별한 게 없을까요?

왕 룡: 특별한 것보다 실용적인 게 어때요? 예를 들면 과일이나 케이크같은 거요?

문 수: 그건 집들이 선물이 아니라 왕룡 씨가 먹고 싶은 것 아니예요?

왕 룡: 뭐라고요? 여기 집들이 선물 리스트에 나온 거라고요.

홍 단: 집들이 선물 리스트요? 어디 좀 봐요. 음, 여기 향초가 어때요? 향초는 향기도 좋고, 그 집의 운이 불길처럼 일어나라는 것을 상징하거든요.

왕 룡: 향초요? 그것도 좋겠네요.

(2)

　한국에서는 대학 입시나 큰 시험을 앞둔 수험생들에게 엿을 선물한다. 이른바 '합격엿' 이다. 예로부터 엿은 뇌의 에너지 보충에 효과가 좋다고 알려졌다. 따라서 합격엿은 영양보충에도 좋고 시험에 철썩 붙는다는 의미도 있어서 수험생에게는 더없이 좋은 선물인 셈이다. 요즘은 합격 기원 선물이 점점더 다양해 지고 있다. 수험생들이 긴장을 풀 수 있도록 '행운팬티', '안마기'같은 재미있는 상품 뿐만 아니라 '만점 기원' 등의 문구가 새겨진 초콜릿, 수능시계, 오답노트 등과 같은 학습보조용품 등 이색제품도 많이 등장했다.

【새 단어】

집들이（名）搬家，乔迁新居；乔迁宴
아무래도（副）看来，不管怎么说
흔하다（形）很多，平常，常见
향초（名）蜡烛
운（名）运气
상징하다（他）象征
앞두다（他）前，前夕，在……之际
엿（名）饴糖，糖
합격（名）合格
보충（名）补充
알려지다（自）（事情）被知道，传开
영양（名）营养
더없이（副）无比，至上
다양해지다（自）变得多样
만점（名）满分
안마기（名）按摩器
오답노트（词组）易错题笔记本
등장하다（自）登场；问世

마트（名）超市
세제（名）洗涤剂
리스트（名）表，目录，一览表
향기（名）香气
불길（名）不吉，不祥
대학 입시（名）大学入学考试
수험생（名）考生
이른바（副）所谓，名为
에너지（名）精力，活力，能力
효과（名）效果
따라서（副）因此，因而
철썩（副）（流水声）哗；（击掌声）啪
기원（名）祈愿，祝愿
행운（名）幸运，福气
문구（名）句子
수능（名）高考
이색 제품（词组）特色产品

【기본문형】

1. -려다가

接动词词干后，表示放弃原来已经决定的计划，而转为做其他事情。因为"-려다가"体现了主语的计划，所以不能使用"못"。但如果是因为不得已的情况而改变计划，"못"也可以使用。

例如：(1) ㄱ: 지난 주말을 어떻게 보냈습니까?
　　　　　上个周末怎么过的?
　　　　ㄴ: 산에 가려다가 비가 와서 안 가고 하루 종일 집에 있었습니다.
　　　　　本想去爬山，因为下雨没去，一整天都在家里。
　　　(2) ㄱ: 길이 막히지 않았습니까?
　　　　　没堵车吗?
　　　　ㄴ: 지하철을 타고 와서 모르겠습니다. 길이 많이 막힐 것 같아서 버스를 타려다가 지하철을 탔습니다.
　　　　　我坐地铁来的，所以不太清楚。本想坐公共汽车来，但觉得可能会

第11课　纸巾与糖 휴지와 합격엿

　　　　　很堵，就坐了地铁。
(3) ㄱ: 요즘 회사에 다닙니까?
　　　　　最近到公司上班吗?
　　ㄴ: 취직을 하려다가 더 공부하고 싶어서 대학원에 다니고 있습니다.
　　　　　本想就业，后来又想继续学习，于是现在在读研究生。
(4) ㄱ: 마침 잘 됐네요. 안 그래도 운동화를 신고 오라고 전화하려고 했어요.
　　　　　太好了，正想打电话告诉你穿运动鞋来呢。
　　ㄴ: 많이 걸을 것 같아서 구두신고 오려다가 운동화로 갈아 신었어요.
　　　　　本想穿皮鞋的，但觉得可能要走很多路，于是又换上运动鞋了。
(5) ㄱ: 대학동창회에 갔다 왔습니까?
　　　　　去过大学同学会了吗?
　　ㄴ: 가려다가 갑자기 급한 일이 생기는 바람에 안(못) 갔습니다.
　　　　　本想去的，突然有急事，就没去成。
(6) ㄱ: 영주씨 음악회에 갔다 왔대요?
　　　　　去过荣柱的音乐会了吗?
　　ㄴ: 가려다가 몸이 아파서 안 갔대요.
　　　　　本想去的，但身体不舒服，就没去。

2. -도록

　　接动词或形容词词干后，表示动作、状态所要达到的程度，与"-ㄹ 수 있게" "-게 하기 위하여" 意义相近。
例如: ((1) ㄱ: 바깥 날씨가 어때요?
　　　　　外边天气怎么样?
　　ㄴ: 아주 추워요. 감기에 걸리지 않도록 옷을 따뜻하게 입는 것이 좋겠어요.
　　　　　很冷，你最好穿得暖和点，别感冒了。
(2) ㄱ: 지금 몇 시예요?
　　　　　现在几点了?
　　ㄴ: 벌써 8시예요. 늦지 않도록 서두르세요.
　　　　　已经八点了，快点儿吧，别晚了。
(3) ㄱ: 그 회사의 위치를 모르는데요.
　　　　　我不知道那个公司的位置。
　　ㄴ: 혼자 찾아갈 수 있도록 약도를 그려 드릴게요.
　　　　　我给你画一张简图，你自己就会找到了。
(4) ㄱ: 이 약이 무슨 약이에요?
　　　　　这是什么药?

ㄴ: 살충제예요. 아이들 손이 닿지 않도록 잘 간수하세요.
　　这是杀虫剂，要注意保管好，不要让小孩够到。
(5) ㄱ: 이 책 참 읽기 쉽지요?
　　这本书很容易读吧？
ㄴ: 네, 초보자도 쉽게 이해할 수 있도록 설명을 자세히 해 놓았어요.
　　是的，书中说明很详细，初学者也很容易理解。
(6) ㄱ: 내일 <한국현대사>책 가져오는 것 잊지 마세요.
　　明天不要忘了带《韩国现代史》来。
ㄴ: 네, 잊어버리지 않도록 수첩에 써놓았으니까걱정마세요.
　　不用担心，我已经记到手册上了，不会忘的。

3. -야말로

接体词后，表示强烈地限定和指定前面的体词，相当于汉语的"（某事、某物）才真的是……""……本身……"。

例如：(1) ㄱ: 반갑습니다. 앞으로 잘 부탁합니다.
　　很高兴见到你，以后请多多关照。
ㄴ: 저야말로 잘 부탁드립니다.
　　请求关照的应该是我。
(2) ㄱ: 요즘 살이 쪄서 고민이에요.
　　最近老长胖，真让人烦。
ㄴ: 나야말로 다이어트를 하든지 운동을 하든지 무슨 수를 써야 할 것 같아요.
　　不管节食还是运动，总之我才是必须得想办法减肥了。
(3) ㄱ: 정말 고민이에요. 동시에 민호씨와 철수씨 두 사람한테 청혼을 받았거든요.
　　真让人烦，民浩和哲洙两人同时向我求婚。
ㄴ: 결혼 상대자야말로 신중하게 결정해야 해요. 잘 선택하세요.
　　结婚对象一定要慎重决定，请好好选择。
(4) ㄱ: 장영주라는 천재 소녀 바이올리니스트의 연주를 들어본 적이 있습니까?
　　你听过天才小提琴演奏家莎拉·张的演奏吗？
ㄴ: 네. 어릴 때부터 연주솜씨가 훌륭했던 걸 보면 음악적 재능이야말로 타고나는 것인가 봐요.
　　听过，小小年纪演奏水平就那么高，看来音乐才华真是天生的。
(5) ㄱ: 행복이야말로 상대적인 것 같아요.
　　幸福看来真的是相对的。
ㄴ: 맞아요. 삶을 어떻게 받아들이는가 하는 태도가 중요하지요.

对，对待生活的态度是重要的。

(6) ㄱ: 계림이 그렇게 아름다운 곳이라면서요?
听说桂林是很美的地方?

ㄴ: 계림이야말로 중국여행에서 빼놓으면 안 되는 곳이지요. 꼭 가 보세요.
桂林真是中国旅游中不可缺少的地方，请一定去看看。

4. -셈이다

接动词或形容词词干后，表示事实虽然并非完全如此，但话者认为几乎就是那样。相当于汉语的"算是……"。

例如：(1) ㄱ: 이 시험을 보고 나면 이번 학기도 거의 끝나는 셈이네요.
如果考这场考试结束，这个学期就几乎算结束了。

ㄴ: 시간 참 빠르지요?
时间过得真快，是吧?

(2) ㄱ: 스스로 학비를 벌어가며 공부를 하신다면서요? 힘드시겠어요.
听说你自己挣学费上学? 一定很累吧。

ㄴ: 그래도 소년소녀 가장에 비하면 저는 편하게 학교에 다니는 셈이지요.
尽管这样，比起那些担负家庭重担的少年，我还算是能舒舒服服地上学。

(3) ㄱ: 이 전망대에 와서 보니 서울 시내가 한눈에 보이네요.
站在这个瞭望台上一望，首尔市区一览无余。

ㄴ: 이제 서울구경은 다한 셈이지요?
现在算是把首尔都看了吧?

(4) ㄱ: 피터씨는 좀 키가 작지요?
彼得的个子有点矮吧?

ㄴ: 서양 남자치고는 키가 좀 작은 셈이지요. 170센티밖에 안되니까요.
在西方男人里面算是个子有点矮的，因为不到170厘米。

(5) ㄱ: 홍단씨가 그렇게 예쁘다면서요?
听说洪丹很漂亮?

ㄴ: 그만하면 미인인 셈이지요.
那个程度可以算是美女了。

(6) ㄱ: 이제 야유회 준비가 끝난 셈이지요?
现在郊游准备算是结束了吧?

ㄴ: 아직 음료수를 준비 안 했잖아요. 제가 가서 사올게요.
还没有准备饮料，我这就去买。

【연습】

1. 여러분이 지금까지 살아오면서 계획하거나 예정했던 것과 다르게 행동한 것에는 어떤 것들이 있습니까? 〈보기〉와 같이 써 보십시오.

   〈보기〉
   　　사회학을 전공하려다가 앞으로 정보통신 분야가 유망할 것 같아서 전자전산학과에 입학했습니다.

   (1) _____.

   (2) _____.

   (3) _____.

   (4) _____.

2. '-도록'을 이용해서 문장을 완성해 보세요.

   (1) _____ 민호씨는 서둘렀습니다.
   (2) _____ 지영씨는 창문 옆에 앉았습니다.
   (3) _____ 많이 먹었어요.
   (4) _____ 어제 공부를 했습니다.
   (5) _____ 노래를 불렀습니다.
   (6) _____ 조심하십시오.

3. 다음에 알맞는 조사를 〈보기〉에서 골라 써넣으십시오.

   〈보기〉
   　-까지, -만에, -밖에, -이나, -에다가, -로, -처럼, -마다

   (1) 극장 안이 지저분한 데다가 영화가 재미없기(　　) 해서 얼른 나왔습니다.
   (2) 나는 잠이 안 올때(　　) 소설책을 읽곤 해요.
   (3) 이 액자를 어디(　　) 걸까요?
   (4) 심심한데 산책(　　) 할까요?
   (5) 지금 시간이 조금(　　) 안 남았어요. 빨리 끝냅시다.
   (6) 음식이 참 맛있어요. 이요리는 무엇(　　) 만듭니까?
   (7) 세민씨는 영화배우(　　) 잘 생겼어요.
   (8) 10년(　　) 고향에 오니 참 많이 변했군요.

(9) 오늘 모임에 손님이 몇 분( ) 참석하십니까?
(10) 한국 생활에 익숙해지기( ) 참 많이 힘들었어요.

4. '-(이) 야말로'를 이용해서 대답해 보세요.

(1) ㄱ: 계림의 경치가 정말 기가 막히던데요.
ㄴ:_____.
(2) ㄱ: 이세상에서 제일 무서운 병이 무엇입니까?
ㄴ:_____.
(3) ㄱ: 한국에서 제일 존경받는 위인이 누구입니까?
ㄴ:_____.
(4) ㄱ: 이 세상에서 가장 아름다운 것이 무엇이라고 생각하십니까?
ㄴ:_____.
(5) ㄱ: 세종대왕의 가장 위대한 업적은 무엇입니까?
ㄴ:_____.
(6) ㄱ: 요즘 성적이 자꾸 떨어져서 고민이에요. 무슨 좋은 방법이 없을까요?
ㄴ:_____.

5. '-ㄴ 셈이다'를 이용해서 대화를 완성해 보세요.

(1) ㄱ: 엄마, 미안해요. 세 문제나 틀렸어요.
ㄴ: 아니야, 그만하면_____.
(2) ㄱ:열심히 했는데 경기에서 지고 말았어요.
ㄴ: 아니에요. 상대팀에서 반칙을 했기 때문에 사실은_____.
(3) ㄱ: 약속 시간에 늦겠어요. 서두르세요.
ㄴ: 아직 30분이나 남았으니까 시간은 _____.
(4) ㄱ: 이번 올림픽에서 여자 수영이 메달을 하나도 못 땄다면서요?
ㄴ: 그만하면 _____.
(5) ㄱ: 이번 일로 신세가 많았습니다. 어떻게 갚아야 할 지 모르겠습니다.
ㄴ:무슨 말씀이십니까? 지난 번에는 제가 선생님께 도움을 많이 받았지 않습니까? 저는 이제 겨우 지난 일의 신세를 _____.
(6) ㄱ: 또 지름신이 도졌구나. 그렇게 물건을 자꾸 사면 어떡해?
ㄴ: 그래도 이건 워낙 물건이 좋으니까 _____.

6. 다음 중 잘못된 문장을 골라 바른 문장으로 고치십시오.

(1) 저는 중국사람치고는 한국말을 잘하는 샘입니다.

(2) 여행을 갔려다가 바빠서 못 갔습니다.

(3) 홍콩마저 쇼핑의 천국입니다.

(4) 저 사람은 외아들인 셈이라 버릇이 없습니다.

(5) 아이가 잠을 잘 자서 전등을 껐습니다.

7. 중국에도 한국처럼 선물 문화가 발달되어 있습니다. 한국의 집들이 선물이나 합격엿처럼 특별한 때에 주고받는 선물이 무엇인지 구체적으로 조사해서 표를 완성해 봅시다. 그리고 한국의 선물 문화와 어떤 점이 다른지 써 봅시다.

특별한 날	주고받는 선물	이유
추석		

8. 다음 문장을 한국어로 번역하십시오.

(1) 本想暑假回家乡的，后来想准备研究生考试，就留在北京了。
(2) ——辛苦了，谢谢你。
　　——说谢谢的应该是我。
(3) 要给花按时浇水，让它好好长。
(4) 我们要安静点，让客人好好休息。
(5) 那时候每个月有500块零花钱已经算是很多的了。
(6) 我本想毕业后去韩国留学，后来遇到了好的工作机会，就先工作了。
(7) 我认为，爱才是这个世界上最伟大的感情。
(8) 请大家下周把报告交上来，这样本次研修就算是结束了。
(9) 本想在网上买双皮鞋，后来觉得质量可能不会太好，就去百货商场买了。
(10) ——世民韩国语说得好吗？
　　 ——刚学了一年，这程度算是好的了。

【보충단어】

동창회（名）同学会，校友会　　　바깥（名）外面，窗外
위치（名）位置　　　　　　　　　약도（名）略图
살충제（名）杀虫剂　　　　　　　간수하다（他）看守，看管
초보자（名）新手　　　　　　　　현대사（名）现代史
수첩（名）手册　　　　　　　　　상대자（名）对象
장영주（名）莎拉·张　　　　　　바이올리니스트（名）小提琴家
연주（名）演奏　　　　　　　　　타고나다（他）生来，天生

第11课　纸巾与糖 휴지와 합격엿

삶（名）生活
비하다（他）比，比较
야유회（名）野游会，郊游会
사회학（名）社会学
유망（名）有希望，有前途
입학（名）入学
업적（名）业绩
존경받다（词组）受人尊敬
신세（名）打搅，麻烦
지름신（名）冲动性购买之神
겨우（副）勉强，好容易
워낙（副）原来，本来

가장（副）最
센티（依存名词，量词）厘米
음료수（名）饮料
전공（名）专业，攻读，主修
전자전산학과（词组）电子计算机专业
지저분하다（形）脏乱，杂乱
반칙（名）犯规
위인（名）伟人
갚다（他）还，偿还
도지다（自）复发，重现
메달（名）奖章，奖牌
전등（名）电灯

속담

웃는 낯에 침 뱉으랴.
这句话的字面意思是"怎么会往笑脸上吐唾沫呢？"相当于汉语的"伸手不打笑脸人"。

第12课 智能手机与社交网络服务
스마트폰과 SNS

(1)

지 영: 차린 건 없지만 많이 드세요.

왕 룽: 잠깐만요. 이렇게 근사한 음식을 차려 놓고 그냥 먹을 수는 없지요. 사진을 찍어서 SNS에 올려야겠어요.

지 영: 요즘 왕룽 씨는 SNS하는 재미가 쏠쏠한 가 봐요.

왕 룽: SNS 덕분에 오랫동안 소식이 끊어진 친구도 만나고, 여행이나 공부 등 좋은 정보도 공유할 수 있어 얼마나 좋은지 몰라요.

왕 단: 좋긴 뭐가 좋아요? SNS에는 다들 예쁜 척, 멋진 척하며 찍은 사진만 올려서 너무 가식적으로 느껴져요.

왕 룽: 뭐라고요? 그럼 내가 가식적이라는 말이에요?

지 영: 자자, 이제 그만. 얘기하다 보니 음식이 다 식어 버렸잖아요. 국을 다시 데워야겠어요.

(2)

　한국은 IT 분야 강국이다. 특히, 인터넷과 스마트폰의 보급률은 세계적 수준이다. 스마트폰은 기존 핸드폰과는 달리 전화 기능 이외에도 인터넷, mp3등 많은 기능을 가지고 있다. 각종 애플리케이션을 활용해 원하는 정보를 언제, 어디서든 쉽게 얻을 수 있어 스마트폰은 이제 현대인들의 필수품이 되었다. 그러나 스마트폰의 보급은 편리함 이외에도 여러 가지 부작용을 함께 가져왔다. 스마트폰을 지나치게 사용할

第12课 智能手机与社交网络服务 스마트폰과 SNS

경우, 경제적 부담이 만만치 않을 뿐만 아니라 건강에도 문제가 생길 수 있다. 2012년 스마트폰 중독에 관한 한 조사 결과에 따르면, 한국인들의 스마트폰 중독률이 8.4%로 조사돼 인터넷 중독률7.7%보다 높은 것으로 나왔다. 특히 전문가들은 청소년들의 스마트폰 중독률이 높았다는 점에서 앞으로 문제가 더욱 심각할 것이라 전망하고 있다.

【새 단어】

차리다（他）备，摆，置办
SNS（名）社交网络服务
쏠쏠하다（形）不错，还可以
정보（名）信息
다들（代）大家
가식적（冠，名）假装，虚假
데우다（他）加热
분야（名）领域
인터넷（名）互联网
보급률（名）普及率
기존（名）现成，现行，现有
애플리케이션（名）应用
필수품（名）必需品
편리함（名）便利
부담（名）负担
중독（名）中毒
전망하다（他）展望，眺望

근사하다（形）像样，很不错，带劲
올리다（他）上，上传
끊어지다（自）断了，断绝，停止
공유（名）共有
척（依存名词）装，假装
식다（形）凉
IT（名）信息技术
강국（名）强国
스마트폰（名）智能手机
수준（名）水平，水准
기능（名）功能
활용하다（自，他）利用，运用，应用
보급（名）普及
부작용（名）副作用
만만치 않다（词组）不简单，厉害，不能小看
전문가（名）专家

【기본문형】

1. -어지다

"-아/어지다" 接在他动词词干后，将他动词转为表示被动意义的自动词。
꿈을 이루다→꿈이 이루어지다

例如：(1) ㄱ: 축하합니다. 드디어 소원이 이루어졌네요.
  祝贺你，终于实现愿望了。
 ㄴ: 이런 날이 오다니 정말 꿈만 같습니다.
  没想到会有这一天，真像梦一样。
(2) ㄱ: 이번 회의에서는 어떤 문제들이 다루어질 예정입니까?
  这次会议将讨论什么问题呢?

ㄴ: 핵문제가 주로 다루어질 겁니다.
将主要讨论核问题。

(3) ㄱ: 이 만년필로 한 번 써 보세요.
用这支钢笔写写试试。

ㄴ: 글씨가 참 잘 써지네요. 필기감이 참 좋군요.
写出来的字真漂亮，字感真好。

(4) ㄱ: 유리창이 또 깨졌네요. 누가 깨뜨렸어요?
玻璃窗又碎了，谁打碎的？

ㄴ: 골목에서 아이들이 야구하다가 깨뜨렸어요.
孩子们在胡同里玩棒球打碎的。

(5) ㄱ: 이 이야기는 꼭 비밀로 하셔야 해요. 아직 알려지지 않은 극비사항이거든요.
这个一定要保守秘密，这是未公开的绝密事项。

ㄴ: 알겠어요. 걱정마세요.
知道了，别担心。

(6) ㄱ: 화롯불이 꺼졌어요.
炉子的火灭了。

ㄴ: 아마 기름이 떨어졌나 봐요.
可能是油用光了。

2. -어놓다

接在动词后，表示动作已经完成，但其状态仍然保持着。

(1) ㄱ: 조금 전에 내가 읽던 책을 못 봤어요?
你没看见我刚才读的那本书吗？

ㄴ: 책꽂이에 꽂아 놓았어요.
给你插到书架上了。

(2) ㄱ: 추운데 누가 창문을 열어놓았어요?
这么冷，谁把窗子打开了？

ㄴ: 환기를 좀 시키려고 제가 열어 놓았어요.
是我打开的，想通通风。

(3) ㄱ: 왜 한국어를 공부합니까?
为什么学韩国语呢？

ㄴ: 배워놓으면 좋을 것 같아서요.
我觉得学了不会错的。

(4) ㄱ: 휴가계획을 세웠습니까?
定好休假的计划了吗？

第12课　智能手机与社交网络服务 스마트폰과 SNS

　　　　ㄴ: 휴가계획은 벌써 다 세워놓았습니다.
　　　　　　休假计划早就定好了。
　　(5) ㄱ: 아무리 바빠도 오늘까지는 이 일을 다 끝내야 합니다.
　　　　　　无论怎么忙，今天也要做完这件事。
　　　　ㄴ: 알겠습니다. 퇴근 전까지 이 일을 다 해놓겠습니다.
　　　　　　知道了，下班之前我一定完成。
　　(6) ㄱ: 오늘 식사는 어디에서 할까요?
　　　　　　今天去哪儿吃饭?
　　　　ㄴ: 나만 따라오세요. 미리 봐놓은 곳이 있어요.
　　　　　　跟我来就是了，我已经看好地方了。

3. -ㄴ척/체하다

　　接动词或形容词词干后，表示做出某种样子，而事实并非如此。相当于汉语的"装作……"。

例如: (1) ㄱ: 또 꾀병부리는 거지요? 아픈 척 하지 말아요.
　　　　　　又装病吧? 别装模作样了。
　　　　ㄴ: 아니에요. 정말 배가 아파서 죽을 지경이에요.
　　　　　　不是，肚子真的要疼死了。
　　(2) ㄱ: 왜 그렇게 세영 씨를 질투해요?
　　　　　　怎么那么嫉妒世英?
　　　　ㄴ: 질투하는 게 아니고, 세영 씨처럼 잘난 척하는 사람은 딱 질색이에요.
　　　　　　我不是嫉妒她，而是最恨像世英这样自以为了不起的人。
　　(3) ㄱ: 민호씨하고 영수씨 무슨 일 있었어요? 서로 못 본 체하던데요.
　　　　　　民浩和荣洙怎么了? 互相不搭理。
　　　　ㄴ: 며칠 전에 대판 싸웠거든요.
　　　　　　几天前大吵了一架。
　　(4) ㄱ: 저 사람이 그렇게 부자라면서요?
　　　　　　那个人那么富吗?
　　　　ㄴ: 아니에요. 부자인 척하지만 사실은 빈털터리예요.
　　　　　　不是，只是装富，其实是个穷光蛋。
　　(5) ㄱ: 영호씨가 또 취직시험에 떨어졌다면서요?
　　　　　　听说荣浩在就业考试中又落榜了。
　　　　ㄴ: 그냥 모르는 척 하세요. 이번 일로 영호가 많이 상심한 것 같아요.
　　　　　　就装不知道吧，因为这事荣浩好像很伤心。
　　(6) ㄱ: 어제 기분 나빴어요?
　　　　　　昨天情绪不好吗?

ㄴ: 네, 남들이 있어서 기분 좋은 척 했지만 사실은 굉장히 기분 나빴어요.
对，因为有别人，装着情绪好，其实很不高兴。

4. -다 (가) 보니

接动词词干后，表示做某一事情的过程中发现某一新事实。

例如: (1) ㄱ: 왜 이렇게 늦었어요? 걱정했잖아요.
怎么晚了这么多？多担心呀。

ㄴ: 미안해요. 졸다보니 내려야 할 정류장을 지나쳐 버렸어요.
对不起，打着盹儿坐过了站。

(2) ㄱ: 세민씨가 여기까지 웬일이세요?
世民怎么到这儿来了？

ㄴ: 걷다 보니 여기까지 오게 됐어요.
走着走着就来到这儿了。

(3) ㄱ: 첫 눈에 진주씨한테 반했어요?
你第一次见到珍珠就被迷住了吗？

ㄴ: 아니에요. 자꾸 만나다 보니 정이 들었어요.
不是，老见面就产生感情了。

(4) ㄱ: 이 책 어때요?
这本书怎么样？

ㄴ: 앞부분은 재미가없었어요. 그런데 읽다보니 재미있더라고요.
前一部分没意思，但读着读着就有意思了。

(5) ㄱ: 어, 이야기하다 보니 벌써 일곱 시가 넘었네요.
哎哟，说着说着已经过了七点了。

ㄴ: 오늘은 그만 집에 가고 다음에 다시 만나요.
今天就到此为止，回家吧，以后再见。

(6) ㄱ: 이젠 텔레비전 뉴스를 알아들을 수 있는 모양이네요.
看来现在能听懂电视新闻了。

ㄴ: 네, 전엔 잘 안들렸는데, 자꾸 듣다보니 이해가됩니다.
是，以前听不懂，老听老听就理解了。

【연습】

1. '-는 척하다'를 이용해서 문장을 완성해 보십시오.

(1) 민호씨는 출근하기 싫어서_____.

第12课 智能手机与社交网络服务 스마트폰과 SNS

(2) 빨리 장가가고 싶어서 _____.
(3) 남친하고 다정하게 걸어가는 지영씨를 보고 _____.
(4) 왕단은 세민씨가 불렀지만 _____.
(5) 나는 그 소문을 알고 있었지만 _____.
(6) 선 본 사람이 자꾸 전화를 해서 _____.

2. 여러분이 어떤 일을 하다보면 시\작할 때, 혹은 처음에 예상했던 것과는 다른 결과를 맞게 되는 경우가 있을 것입니다. 다음과 같은 경우에 어떤 예상치 않았던 결과를 맞게 되었는지 '-다 보니'를 이용해 써 보십시오.

(1) 대학 생활을 하다
→_____.
(2) 한국어공부를 하다.
→_____.
(3) 이성친구와 사귀다.
→_____.
(4) 인터넷 쇼핑을 하다
→_____.
(5) 기숙사에서 살다
→_____.
(6) 생각없이 걷다
→_____.

3. '-아/어 놓다'를 이용해서 다음 문장을 완성하십시오.

(1) ㄱ: 이 박스를 어디에 놓을까요?
   ㄴ: 저 쪽에 _____.
(2) ㄱ: 배가 고파요.
   ㄴ: 벌써 저녁식사를_____다.
(3) ㄱ: 경주에 가서 어디서 묵을 거예요?
   ㄴ: 현대호텔을 _____.
(4) ㄱ: 숙제 다 했어요?
   ㄴ: 저녁먹기 전까지 다 _____.
(5) ㄱ: 내 까만 양복 어디 있어요?
   ㄴ: 옷장에 _____.
(6) ㄱ: 이따가 경호씨가 책을 가져오면 좀 _____.
   ㄴ: 무슨 책을 가져올 건데요?

4. 〈보기〉에서 알맞은 단어를 골라 써 넣으십시오.

   〈보기〉
   지워지다, 밝혀지다, 키워지다, 잊혀지다, 알려지다, 불리어지다,
   이루어지다, 고쳐지다, 켜지다, 믿어지다

   (1) 새로운 사실이 김박사에 의해서 _____.
   (2) 너무 젊어보여서 60세라는 연세가 도저히 _____ 않습니다.
   (3) 한국은 예로부터 동방예의지국이라고 _____.
   (4) 새해에는 꼭 소망하시는 일이 _____ 빕니다.
   (5) 맹자의 어머니의 교육방식은 이미 잘 _____ 유명한 이야기입니다.
   (6) 에이즈는 현대의 의학기술로도 좀처럼 _____ 않는 끔찍한 병입니다.
   (7) 집에 누가 왔나 봐요. 불이 _____ 있어요.
   (8) 20년 전의 그 일은 아직도 _____ 않고 생생합니다.

5. 여러분은 다음과 같은 경우에 어떻게 합니까? '-ㄴ 척하다'를 이용해 이야기해 보십시오.

   (1) 길을 가는데 낯선 사람이 뒤에서 나를 부른다.

   (2) 만나고 싶지 않은 사람이 맞은 편에서 오고 있다.

   (3) 지하철 안에서 불쌍한 아이가 물건을 사달라고 부탁을 한다.

   (4) 지나가는 할머니가 짐이 무거우니 좀 들어달라고 부탁한다.

   (5) 기차역 앞에서 행인이 차비를 좀 빌려달라고 한다.

6. 다음 글을 잘 읽고 질문에 대답하십시오.

   SNS(소셜네트워크서비스)는 국경, 인종을 초월한다. SNS는 불특정 다수와 교류를 하는 서비스라 아주 많은 사람과 접할 수 있고, 다양한 의견을 들을 수 있으며 폭 넓은 정보와 지식을 얻을 수 있다. 그래서 그 속에서 기존에는 생각조차 할 수 없었던 아주 획기적인 의견도 나오기도 한다. 그 중 요즘 집중적인 관심을 받는 것이 바로 '기부 문화'이다. 예를 들어 삼성그룹은 SNS상에서 소셜미디어 팬들의 참여 횟수만큼을 기금으로 적립, 겨울철 난방비가 필요한 곳에 지원하는 소셜 기부 캠페인을 펼쳤다. 2015년에 적립된 기금은 조손 가정, 위탁 가정 등 주로 불우한 가정에 기부되었다고 한다. 이 외에도 SNS로 로그인 한 다음에 희망 메세지를 남기면 500원으로 적립이 되는 곳도 있다. 일정 금액이 모아 지면 불우한 이웃에게

第12课 智能手机与社交网络服务 스마트폰과 SNS

기금을 나누고 그 활동을SNS에 올려 투명한 기부 문화의 면모를 보여주기도 한다.

1) 요즘 SNS에서 주목받고 있는 것이 무엇인가요?
2) 삼성그룹이 실시한 기부 캠페인은 무엇인가요?
3) 이 글에 나타난SNS의 장점을 요약해 적으세요.

7. 'SNS'의 장점과 단점을 조사하고, 각 조별로SNS가 우리 생활에서 어떤 역할을 하며 그것의 문제점에 대해 토론을 해 보십시오.

8. 다음 문장을 한국어로 번역하십시오.

（1）金教授开了个玩笑，严肃的气氛被打破了。
（2）别担心，我出门的时候，已经把空调关好了。
（3）坐在书桌前学习了一整天，脖子和腰都很疼。
（4）把饭做好再走吧，一会儿孩子们饿了可以吃。
（5）文洙在公司里经常装作很认真工作的样子。
（6）下周去首尔的机票我已经订好了，您不用担心。
（7）在学习上不要不懂装懂。
（8）——你喜欢吃酱汤吗？
　　——开始的时候觉得不太好吃，后来经常吃，就慢慢喜欢上了。
（9）你弟弟好像不太高兴，躺在床上装睡呢。
（10）我在黑板上写的字被世民擦掉了。

【보충단어】

핵문제 (名) 核问题	필기감 (名) 字感，书写感
극비사항 (名) 绝密事项	화롯불 (名) 火盆里的火
기름 (名) 油	환기 (名) 换气，通风
꾀병부리다 (词组) 装病	질투 (名) 嫉妒
질색 (名) 讨厌，厌恶	대판 (副) 大规模地
빈털터리 (名) 穷光蛋	상심하다 (自) 伤心
선 보다 (自, 他) 相亲	박스 (名) 箱子，盒子
동방예의지국 (名) 东方礼仪之国	맹자 (名) 孟子
에이즈 (名) 艾滋病	끔찍하다 (形) 惊人，可怕
생생하다 (形) 清楚，鲜活，生动	행인 (名) 行人

차비（名）车费
불특정（名）不特定
폭넓다（形）广泛，宽泛
획기적（冠，名）划时代的，巨大的
기부（名）捐，捐赠
참여（名）参与
적립（名）积存，积蓄，积累
캠페인（名）（社会、政治）运动，活动
조손가정（词组）祖孙家庭。（指近年来随着离婚的增多，形成了65岁以上祖父母和18岁以下孙辈人一起生活的家庭。）
위탁（名）委托
메세지（名）信息，短信
면모（名）面貌，面目

초월하다（自，他）超越，超出
다수（名）多数
기존（名）现成，现有，已有
집중적（冠，名）集中
그룹（名）集团
횟수（名）次数
난방비（名）取暖费
로그인（名）登录
투명하다（形）透明

속담

길고 짧은 것은 대봐야 안다.
这句话的字面意思是"是长是短，比量一下才知道"。相当于汉语的"是骡子是马，拉出来遛遛"。

第13课 外貌
외모 콤플렉스

(1)
민　호: 저, 혹시 김혜진 씨 아닙니까?
혜　진: 네, 맞는데요. 실례지만 누구십니까?
민　호: 저, 박민호인데, 모르겠어요? 국문과 05학번.
혜　진: 어머, 민호 씨? 정말 민호 씨로군요. 글쎄 어디서 많이 본 사람 같다고 생각했지만, 민호 씨인 줄은 정말 몰랐어요. 이제 보니 좀 많이 달라진 것 같아요.
민　호: 그렇죠? 얼굴이 좀 많이 바뀌었을 거예요. 제가 얼굴에 손을 좀 댔거든요. 하하하!
혜　진: 네? 무슨 말씀이세요?
민　호: 실은 일 년 전쯤에 교통사고를 당했어요. 큰 사고를 당하는 바람에 얼굴 여러 부위를 다쳤어요. 도저히 그냥 다닐 수가 없을 정도라서 어쩔 수 없이 성형 수술을 했어요.
혜　진: 어머, 그런 일이 있었군요. 그래 지금은 좀 괜찮으세요?
민　호: 그럼요. 이제는 직장도 다니고, 정상적인 생활을 하고 있답니다.
혜　진: 세상에. 정말 다행이에요. 그러고 보니 얼굴이 더 잘생겨지셨어요. 호호호!
민　호: 그래요? 하긴 그런 말을 여러 번 듣기는 했어요. 하하하!
혜　진: 맞아요. 얼굴이 더 자연스러워지고, 부드러워지다 보니 민호 씨의 본래 면목이 살아난 것 같아요. 정말 멋있어졌어요.
민　호: 그래요. 사고 당시는 누구 못지않게 힘들었는데, 이렇게 웃을 일도 생기네요. 그래서 세상은 참 공평한가 봐요.

109

(2)
　외모 지상주의는 외모가 개인 간의 우열뿐 아니라 인생의 성패까지 좌우한다고 믿어 외모에 지나치게 집착하는 경향 또는 그러한 사회 풍조를 말한다. 곧 외모가 연애·결혼 등과 같은 사생활은 물론, 취업·승진 등 사회생활 전반까지 좌우하기 때문에 외모를 가꾸는 데 많은 시간과 노력을 기울이게 된다는 것이다. 학자들은 이 같은 경향이 잘난 외모를 선호하는 사회 풍조에서 비롯된 것으로 보고 있다. 아무리 좋은 학교를 나왔다고 하더라도 외모가 받쳐주지 않으면 결혼을 할 수 없고, 학창 시절에 아무리 학점이 좋았더라도 역시 외모 때문에 번번이 면접에서 탈락하다 보니 자연 외모에 신경을 쓸 수밖에 없다는 것이다.
　그러나 외모에 너무 집착하다 보면 병증으로 발전할 수도 있다는 것이 가장 큰 문제점으로 지적되고 있다. 처음에는 운동이나 가벼운 다이어트 요법 등을 통해 몸매를 가꾸다가, 그래도 안 되면 막대한 시간과 돈을 들여 성형 수술을 하고, 그것도 모자라 몇 번씩이나 되풀이하여 성형 수술을 하면서 외모를 가꾸는 데 열과 성을 다한다. 이 과정에서 강박증이 생기기도 하고, 심하면 신체 변형 장애까지 일어나게 된다.
　한국에서도 외모 지상주의가 사회 문제로 등장하였다. 조사 결과 한국 여성들이 세계에서 가장 많은 성형 수술을 하는 것으로 나타났다. 또한 다이어트 열풍에 휩쓸려 무리하게 살을 빼다가 죽음에 이른 경우도 보도되고 있다. 하지만 자본주의 경제가 발전하면서 특정 부분에서는 아직도 그러한 외모 지상주의가 합리화되고, 정당화되어가고 있어 더욱 문제가 되고 있다. 외모에 따른 우월감과 열등감, 이 모든 것은 비정상적 사고인 만큼 그 극복 과정이 절실한 시점이다.

【발음】

맞는데요 〔만는데요〕

【새 단어】

가꾸다（他）打扮，妆扮；培植，栽种	강박증（名）强迫症
공평하다（形）公平	극복（名）克服
기울이다（他）倾注，集中	-는 바람에（惯用型）因为……
당하다（他）受，遭到	등장하다（自）登场，上场
되풀이하다（他）重复，反复	막대하다（形）莫大，巨大
면목（名）脸，面貌，面目；脸面	몸매（名）身材，身姿
못지 않게（副）不次于	받치다（他）托，支撑
번번이（副）每次，屡次	변형（名）变形
병증（名）病症	부위（名）部位

第13课　外貌　외모 컴플렉스

비정상적（名）非正常	사생활（名）私生活
성형 수술（名）整容手术	손을 대다（词组）动手，出动，修改，修正
신체（名）身体	심하다（形）过分，厉害
열등감（名）自卑感	요법（名）疗法
우열（名）优劣	이르다（自）达到，抵达
절실하다（形）急切，迫切	정당화（名）正当化
좌우하다（他）左右，摆布	지나치다（形）过分，过头
지상（名）至上，最高	집착하다（自，他）执着，追逐，执迷，迷恋
자연스럽다（形）自然	콤플렉스（名）自卑感
탈락하다（自）淘汰，脱落	특정（名）特定
풍조（名）风潮，潮流	학점（名）成绩，学分
학창（名）学生时代	합리화（名）合理化
휩쓸리다（自）被席卷，被笼罩，被卷走，被吞入	

【기본문형】

1. 당하다

"당하다"一般接名词后，表示某行为的发生与主语的意志无关，相当于汉语的"被"。

(1) ㄱ: 민호 씨가 해고당했다면서요?
　　　听说民浩被解雇了?
　ㄴ: 민호 씨는 해고당할 만해요. 그렇게 게으른 사람을 누가 좋아하겠어요?
　　　民浩该被解雇，谁会喜欢那么懒的人?

(2) ㄱ: 어쩌다 사고를 당했어요?
　　　怎么出的事故?
　ㄴ: 제 잘못이 커요. 무단 횡단하다가 차에 치였어요.
　　　主要是我的错，擅自横穿马路时被车撞了。

(3) ㄱ: 세민 씨가 잘난 척하다가 망신을 당했다면서요?
　　　听说世民自以为了不起，结果丢了面子?
　ㄴ: 그런 사람은 망신 좀 당해 봐야 해요.
　　　这样的人该丢丢面子。

(4) ㄱ: 미라 씨한테 언제 청혼할 거예요?
　　　打算什么时候向美罗求婚?
　ㄴ: 벌써 청혼했는데 보기 좋게 거절당했어요.
　　　已经求过婚了，但是被一口拒绝了。

(5) ㄱ: 민수 씨가 부인한테 이혼당했다면서요? 어떻게 된 거예요?
   听说民洙和夫人离婚了？怎么回事儿？
   ㄴ: 부인 몰래 바람을 피우다가 들켰대요.
   说是他背着夫人在外面拈花惹草被发现了。
(6) ㄱ: 김 사장이 사기를 당했다면서요?
   听说金经理被骗了？
   ㄴ: 네, 그래서 회사문까지 닫게 되었대요.
   是，所以公司都关门了。

2. -는 바람에

接动词词干后，表示某种突发事件造成的结果。

(1) ㄱ: 속상해 죽겠어요. 갑자기 전기가 나가는 바람에 컴퓨터가 꺼져 쓰고 있던 원고를 다 날렸어요.
   伤心死了，因为突然停电正在输进电脑里的文稿全都不见了。
   ㄴ: 틈틈이 저장을 하지 그랬어요.
   本该及时保存的。
(2) ㄱ: 옷이 왜 이렇게 젖었어요?
   衣服怎么湿成这样？
   ㄴ: 갑자기 소나기가 오는 바람에 비를 흠뻑 맞았어요.
   因为突然下了阵雨，被淋透了。
(3) ㄱ: 어떻게 하다가 사고가 났어요?
   怎么出的事故？
   ㄴ: 맞은 편에서 달려 오던 차가 중앙선을 침범하는 바람에 사고가 났어요.
   对面开来的汽车越过了中央线，所以出了事故。
(4) ㄱ: 아이가 또 깼어요?
   孩子又醒了？
   ㄴ: 간신히 재웠는데 전화가 오는 바람에 그만 깨 버렸어요.
   好不容易哄睡着了，可是电话铃响了，就又醒了。
(5) ㄱ: 어제 데이트 잘 했어요?
   昨天的约会顺利吗？
   ㄴ: 갑자기 회사에서 야근을 하게 되는 바람에 만나지도 못했어요.
   突然在公司上夜班，没能见面。
(6) ㄱ: 이번 마라톤에서 이봉수 선수가 우승했어요?
   这次马拉松比赛中李奉洙赢了吗？
   ㄴ: 아니요, 그 선수 발에 쥐가 나는 바람에 2등으로 달리던 최철 선수가 우승했어요.
   没有，因为他脚抽筋，原本跑在第二位的崔哲赢了。

3. 못지않다

接名词后，表示比较的基准。

(1) ㄱ: 마음은 아직도 젊은 사람 못지않은데 몸이 말을 안 듣는군요.
    心还和年轻人一样，可是身体不听使唤了。
   ㄴ: 그런 말씀 마세요. 할아버지는 젊은 사람 못지않게 건강하시잖아요.
    可别这么说，爷爷不是像年轻人一样健康吗？

(2) ㄱ: 나도 한때는 남편 못지않게 꿈이 있었는데 지금은 평범한 가정 주부일 뿐이에요.
    我也曾和丈夫一样有过梦想，可现在不过是一个平凡的家庭主妇。
   ㄴ: 그래도 모두들 선영 씨 사는 모습을 얼마나 부러워하는데요.
    即使如此，大家还是非常羡慕你的生活。

(3) ㄱ: 지영 씨, 영어 할 줄 알아요?
    志英，你会说英语吗？
   ㄴ: 그럼요. 영어라면 누구 못지않게 자신 있습니다.
    当然，在英语方面我有信心不比任何人差。

(4) ㄱ: 세민 씨는 어쩌면 그렇게 잘생겼는지 모르겠어요.
    真不知世民怎么长得这么帅。
   ㄴ: 정말 영화 배우 못지않게 잘생겼어요.
    长得真的像电影演员一样帅。

(5) ㄱ: 한국도 이젠 경제 수준이 선진국 못지않아요.
    现在韩国的经济水平不次于发达国家。
   ㄴ: 맞아요. 특히 산업 분야는 놀랄 만큼 발전했어요.
    没错，特别是在工业方面取得了惊人的发展。

(6) ㄱ: 문수 씨는 어쩌면 그렇게 노래를 잘하는지 모르겠어요.
    真不知文洙怎么歌唱得那么好。
   ㄴ: 맞아요. 노래 솜씨가 가수 못지않아요.
    是啊，唱功不次于歌手。

【연습】

1. 〈보기〉처럼 '당하다'를 이용해서 문장을 다시 써 보십시오.

〈보기〉
민호 씨는 수미 씨한테 결혼해 달라고 했지만 수미 씨는 싫다고 했습니다.
→ 민호 씨는 수미 씨한테 결혼해 달라고 했지만 거절당했습니다.

(1) 철석같이 믿었던 친구가 나를 배신했습니다.
   → _____

(2) 미스터 김은 게으름을 피우다가 회사에서 쫓겨났습니다.
   → _____

(3) 선영 씨는 매일 술만 마시고 노름만 하는 남편과 이혼해 버렸습니다.
   → _____

(4) 민수 씨는 떼돈을 벌게 해 주겠다는 사기꾼에게 속아서 돈만 날렸습니다.
   → _____

(5) 지영 씨는 난폭 운전을 하던 차에 치였습니다.
   → _____

(6) 며칠 전 우리 집에 도둑이 들어와 컴퓨터를 훔쳐 갔습니다.
   → _____

2. '-는 바람에'를 사용해서 다음 대화를 완성해 보세요.

   (1) ㄱ: 어제 친구하고 영화 잘 봤어요?
       ㄴ: 아니요, _____.
   (2) ㄱ: 어쩌다 넘어졌어요?
       ㄴ: _____.
   (3) ㄱ: 왜 또 늦었어요?
       ㄴ: _____.
   (4) ㄱ: 설악산 여행 재미있었어요?
       ㄴ: 말도 마세요. _____.
   (5) ㄱ: 용돈을 벌써 다 썼어요?
       ㄴ: _____.
   (6) ㄱ: 그동안 왜 연락하지 않았습니까?
       ㄴ: _____.

3. <보기>처럼 '못지않게'를 이용해서 대화를 완성해 보세요.

   <보기>
       ㄱ: 김 노인이 그렇게 부자라면서요?
       ㄴ: 그럼요. 아마 재벌 못지않게 돈이 많을 겁니다.
   (1) ㄱ: 문수 씨는 정말 머리가 좋은 사람인 것 같아요.
       ㄴ: _____.
   (2) ㄱ: 지영 씨 할아버지는 정말 정정하시던데요.
       ㄴ: _____.
   (3) ㄱ: 왕단 씨는 아무리 봐도 정말 미인이에요.
       ㄴ: _____.

第13课 外貌 외모 콤플렉스

    (4) ㄱ: 세민 씨는 어쩌면 운동을 그렇게 잘하지요?
        ㄴ: _____.
    (5) ㄱ: 요즘 왕룽 씨 한국어 실력이 부쩍 늘었어요.
        ㄴ: _____.
    (6) ㄱ: 홍단 씨는 키가 참 큰 편이지요?
        ㄴ: _____.

4. 여러분 반 친구 중의 한 사람을 골라서 그 사람의 외모를 표현해 보십시오. 그리고 다른 사람들은 잘 듣고 그 사람이 누구인지 한번 맞춰 보십시오.

5. 다음에 대해 이야기해 보십시오.

    (1) 사람을 볼 때 신체 중 어느 부분을 제일 먼저 봅니까?
    (2) 어떤 외모의 이성을 아름답다고 느낍니까?
    (3) 어떤 외모를 갖고 싶습니까?
    (4) 외모에 대해 콤플렉스를 가져 본 적이 있습니까? 있다면 어디입니까?
    (5) 성형 수술에 대해 어떻게 생각합니까?

6. 다음 글을 읽고 질문에 대답해 보세요.

    내가 한국에 온 지도 벌써 1년이 다 되어 간다. 처음 한국에 와서 본 한국 여자들에 대한 내 느낌은 우리 중국 여자들에 비해서 세련되고 멋쟁이들이 훨씬 많다는 것이었다. 한국 여자들은 유행에 아주 민감해 보였고 또 적극적으로 자신의 아름다움을 찾아서 표현하는 방법을 아는 것 같았다.
    그런데 요즈음 난 한국 여자들을 통해서 또 다른 점을 발견하게 되었다. 그것은 한국 여자들은 자신이 가지고 있는 동양적인 아름다움보다는 서양적인 아름다움을 선호하는 경향이 있다는 것이다. 한국 여자들은 누구나 미인의 조건으로 큰 키, 볼륨감 있는 몸매, 크고 쌍꺼풀진 눈, 이목구비가 뚜렷한 외모를 꼽는다. 어느 날 우연히 미인 선발 대회를 보면서 난 깜짝 놀랄 수밖에 없었다. 최고의 미인으로 선발된 여성들이 모두가 동양 미인이라기보다는 서양 미인의 모습을 하고 있었기 때문이다. 그런 걸 보면 미인의 기준도 시대에 따라 변하는 것 같다. 아무리 미인의 기준이 바뀌었어도 내 눈에는 아직도 얼굴이 동그스름하고 쌍꺼풀이 없는 눈을 한 여자가 예뻐 보인다.

    (1) '나'는 한국 여자들을 보고 어떤 인상을 받았다고 했습니까?
    (2) 한국 여자들은 미인의 조건으로 어떤 점을 꼽는다고 했습니까?

(3) 미인 선발 대회를 보고 나는 왜 깜짝 놀랐다고 했습니까?
　(4) 미인의 기준도 시대에 따라 변한다는 말은 무슨 뜻인 것 같습니까?
　(5) '나'가 좋아하는 미인의 모습은 어떤 것입니까?

7. 여러분은 자신의 외모에 대해서 어떻게 생각하십니까? 자신의 외모에 대한 만족감과 열등감을 글로 써 보십시오.

8. 다음 문장을 한국어로 번역하십시오.

　（1）我昨天在宿舍附近被两个陌生人骗了。
　（2）因为下大雪，飞机晚点了3个小时。
　（3）家庭教育跟学校教育一样重要。
　（4）孩子发烧，所以没去学校。
　（5）月亮跟太阳一样，对地球的影响很大。
　（6）——听说由美被利用了？
　　　——是的，她太单纯了。
　（7）由美换了发型，所以我一开始都没认出她来。
　（8）因为昨天突然降温，我感冒了。
　（9）——世民怎么住院了呢？
　　　——听说他在上学的路上遇到了交通事故，伤得很严重。
　（10）他画画很好，不次于画家。

【보충단어】

강도를 당하다 (词组) 被抢	거절을 당하다 (词组) 遭到拒绝
경향 (名) 倾向	그만 (副) 顿时，马上
깡패 (名) 歹徒	난폭 운전 (名) 野蛮驾驶
날리다 (他) 飘，失掉	노름 (名) 赌博
눈을 감다 (词组) 闭眼	동그스름하다 (形) 略圆，稍圆
들키다 (自) 被察觉，被发现	뚜렷하다 (形) 清楚，鲜明，明显，分明
망신당하다 (自) 丢脸	머지않아 (副) 不久，不一会儿
멋쟁이 (名) 爱打扮的人；帅哥	미인 선발 대회 (名) 选美比赛
반듯하다 (形) 端正，平整，整齐	볼륨감 (名) 曲线感，凹凸有致
비행기 태우다 (词组) 吹捧	사기를 당하다 (词组) 被骗，上当
선호하다 (他) 喜好，偏爱	
세련되다 (自) 时尚，成熟，干练；有品味，优雅	

第13课 外貌 외모 컴플렉스

소박하다 (形) 朴素，朴实，质朴	수준 (名) 水平
쌍꺼풀이 지다 (词组) 长双眼皮	어쩌다 (가) (副) 偶尔
이목구비 (名) 五官，耳目口鼻	
이혼당하다 (词组) 离婚，由对方提出离婚	
재벌 (名) 财阀，财团	조건 (名) 条件
중앙선 (名) 中央线，中线	철석같이 믿다 (词组) 坚信
침범하다 (他) 侵犯	폭행 (名) 暴行
해고당하다 (词组) 被解雇	흠뻑 (副) 充足地，充分地

속담

하늘이 무너져도 솟아날 구멍이 있다.
这句话的字面意思是"就算天塌下来，也会有钻出去的洞"。相当于汉语的"天无绝人之路""车到山前必有路"。

第14课 运动 운동

(1)

남 편: 여보, 어디 아파? 당신 요즘 안색이 안 좋아 보이는데.

부 인: 그러게 말이에요. 특별히 아픈 곳은 없는데 요즘 이상하게 피곤하네요. 잠을 많이 자도 피로가 풀리지 않아요. 아마 진호가 개학을 하다 보니 신경 쓸 일이 많아서 그런가 봐요. 게다가 온종일 진호 먹이고 재우고 목욕시키고 하는 일들이 쉽지 않네요.

남 편: 그래? 당신 정말 힘들겠어. 진호가 너무 어려 손이 너무 많이 가지? 이제부터라도 내가 좀 도와줄게. 그리고 우리 함께 운동을 좀 해보자.

부 인: 고마워요. 생각해 보니 운동도 시작하는 게 좋겠어요. 무슨 운동이 좋겠어요?

남 편: 새벽마다 같이 뒷산에 있는 약수터에 다니는 건 어때?

부 인: 그건 좀 힘들 것 같아요. 진호도 그렇고 당신도 그렇고. 우리 집에선 아침이 제일 바쁜 시간이잖아요? 저녁 때 당신 퇴근하고 나서 함께 단전 호흡 같은 걸 배우러 다니면 어떨까요? 요 앞 상가에 새로 문을 열었던데…. 기본 동작을 배우고 나면 나중에 집에서도 간단히 할 수 있을 것 같은데요.

남 편: 좋은 생각이긴 한데, 나는 좀 더 활동적인 것이 좋겠는데….

부 인: 그런데 당신도 알다시피 제가 운동치고 할 줄 아는 게 없잖아요? 당신은 무슨 운동이든 잘하지만…. 처음부터 같이 배울 수 있는 게 좋을 것 같아요.

남 편: 그러기에 작년에 내가 탁구 배울 때, 함께 배우자고 했었잖아.

부 인: 이럴 줄 알았으면 그때 배워둘 걸 그랬어요.

남 편: 그래, 알았어. 우리 이번 주부터 단전 호흡을 배우도록 하자. 당신이 한번 잘 알아봐.

부 인: 네, 잘 알겠어요.

第14课　运动　운동

(2)

　　인간은 운동에 의해서 태어나고 운동으로 살다가 운동이 끝남과 동시에 인생도 끝나게 된다. 건강에 유익한 근육의 증대와 골격의 강화는 영양 섭취만으로 되는 것이 아니다. 반드시 운동에 의해서만 유지되고 증진될 수가 있다. 이것만으로도 운동의 필요성이 입증되고도 남는다. 우리 몸을 형성하고 있는 골격의 예를 든다면, 뼈는 건축물의 벽돌과 같고, 근육은 그를 둘러싸고 있는 시멘트와 같다. 그러므로 근육이 튼튼하게 제 기능을 발휘할 수 있을 때 우리의 신체 활동은 보호 받을 수 있다.

　　'애틀랜타 저널 컨스티튜션'지는 도시인들이 일상생활 속에서 하루 한 시간 정도를 더 운동할 수 있는 방법을 다음과 같이 소개했다.

　　같은 건물 안에 사무실이 다른 동료와 전화로 이야기하지 말고 직접 찾아가는 것이 그 하나다. 꼭 필요하지 않은 이메일도 자제해야 한다. 비만 전문가들은 이메일 때문에 하루에 수백 걸음을 덜 걷게 된다고 지적한다. 편안한 신발을 신는 것도 중요하다. 발이 편하면 자신도 모르게 10분을 더 걷게 된다. 컴퓨터 작업을 할 때는 한 시간마다 5분씩 휴식을 취하고 가능하면 밖으로 나간다. 그것이 어렵다면 최소한 회사의 계단을 걷는다. 점심 식사를 구내식당에서 해결하지 말고 날씨만 좋다면 회사 밖의 음식점을 이용한다. 주차를 할 때는 가능하면 목적지에서 먼 쪽에 차를 세운다. 웬만한 곳에 볼 일이 있을 때는 차를 놔두고 걸어간다. 쇼핑을 위해 장바구니가 달린 자전거를 산다. 운동 경기를 관전할 때는 하프타임 등 중간 휴식 시간을 이용해 걷는다. 화장실에 갈 때는 항상 자신이 있는 곳과 다른 층을 이용한다. TV를 볼 때 스트레칭을 하거나 윗몸 일으키기를 한다.

【발음】

할 줄　〔할쭐〕　　　　　　새벽마다　〔새병마다〕

【새 단어】

간단히（副）简单地　　　　　강화（名）加强，强化
골격（名）骨骼，骨架　　　　관전하다（自，他）看比赛
단전 호흡（名）深呼吸，气运丹田　덜（副）少，不够，不太
둘러싸다（他）围，包围　　　먹이다（他）喂养
목욕시키다（他）给……洗澡　반드시（副）一定，务必
벽돌（名）砖，砖头　　　　　비만（名）肥胖
손이 가다（词组，惯用句）本意是伸手的意思，常用来比喻费事，费心
스트레칭（名）伸展
애틀랜타 저널 컨스티튜션（名）《亚特兰大宪章报》

-어 두다（惯用型）表示"动作结果的保持"
영양섭취（名）摄取营养
웬만하다（形）差不多，还可以；相当，普通，一般
유익하다（形）有益
일으키다（他）引起，坐起，扶起
입증되다（自）证实，证明
자제하다（他）自制，克制
장바구니（名）菜篮子，赶集用的篮子
재우다（他）使睡觉
주차（名）停车
증대（名）增大，增加
지적하다（他）指出，指点
최소한（副）最低限度，起码
-치고（词尾）表示"作为……"
특별히（副）特别地
편안하다（形）舒服，舒适
피로가 풀리다（词组）消除疲劳
하프타임（名）中场休息

【기본문형】

1. 사동 접미사 '-이,히,리,기,우,추-'

动词的使动形是在动词词干后加"-이-，-히-，-리-，-기-，-우-，-추-"等后缀形成的。每个动词后面所加的后缀都有所不同，因此要一一记牢。下表例词为常用动词的使动形。

-이-	녹이다	죽이다		줄이다	보이다	먹이다	속이다
-히-	입히다				읽히다	괴롭히다	눕히다
-리-	살리다	울리다	얼리다	알리다	놀리다	날리다	눌리다
-기-	웃기다	숨기다	신기다	벗기다	씻기다	남기다	
-우-	깨우다	재우다	씌우다	태우다	키우다	세우다	비우다
-추-	낮추다	늦추다	맞추다				

(1) 문수 씨가 나에게 가족 사진을 보여 주었습니다.
(2) 어머니가 아기를 안고 우유를 먹입니다.
(3) 살이 너무 많이 빠져서 옷을 좀 줄여야겠어요.
(4) 아이들에게 책을 많이 읽히세요.
(5) 금방 죽을 것 같은 환자를 의사가 살려 놓았습니다.
(6) 좋은 소식 있으시면 알려 주십시오.
(7) 우리 아이는 아직 혼자 옷을 벗을 줄 몰라서 꼭 옷을 벗겨 주어야 합니다.
(8) 언제나 동생은 사람들을 잘 웃깁니다.

(9) 무슨 일이 있었는지 숨기지 말고 다 이야기하세요.
(10) 내일 새벽에 나가야 하니까 5시에 좀 깨워 주세요.
(11) 날씨가 추우니까 아기에게 모자를 꼭 씌우십시오.
(12) 갑자기 일이 생겨서 약속 시간을 늦춰야겠습니다.

2. 시키다

一般接名词后，表示使动，表示使别人做某事。

(1) ㄱ: 세민 씨한테 말 시키지 마세요. 지금 저기압인 것 같아요.
　　　别跟世民说话了，他现在好像情绪很低落。
　　ㄴ: 무슨 일 있었어요?
　　　出什么事了吗?

(2) ㄱ: 저 지금 시간 많으니까 아무 일이나 시키세요. 도와 드릴게요.
　　　我现在有时间，有什么事尽管说吧，我帮你。
　　ㄴ: 아니에요. 거의 다 끝났어요.
　　　不用啦，已经快做完了。

(3) ㄱ: 민호 씨가 노래할 차례입니다. 어서 시작하세요.
　　　该敏浩唱歌了，开始吧。
　　ㄴ: 저한테는 노래시키지 마세요. 저 음치예요.
　　　别让我唱歌了，我五音不全。

(4) ㄱ: 김 군이 안 보이네요?
　　　怎么看不到小金呢?
　　ㄴ: 열심히 일하지 않아서 해고시켰어요.
　　　因为工作不努力，把他解雇了。

(5) ㄱ: 준호 어디 갔어요?
　　　俊浩去哪儿了?
　　ㄴ: 음료수 좀 사오라고 심부름시켰는데요.
　　　(我)让他跑趟腿儿，去买饮料了。

(6) ㄱ: 몸살이 난 것 같아요. 오늘은 당신이 아이들 목욕 좀 시켜 주세요.
　　　我觉得四肢酸痛，今天你给孩子们洗澡吧。
　　ㄴ: 알겠어요. 편히 쉬어요.
　　　知道了，你好好休息吧。

3. -치고

表示"全部无一例外"或"全部中的例外"。常与"안, 없다"等否定型搭配使用。

(1) ㄱ: 키가 참 크시네요.
　　　(你的)个子真高啊。

ㄴ: 우리 가족치고 키 작은 사람이 없어요.
我们家人没有个子矮的。

(2) ㄱ: 창민 씨는 언제나 큰소리예요.
昌珉总是吹牛。

ㄴ: 놔 두세요. 난 아직 큰소리치는 사람치고 믿을 만한 사람 못 봤어요.
算了，我还没见过哪个爱吹牛的人可以信赖的。

(3) ㄱ: 김 대리 일을 참 잘하네요.
金代理工作干得不错啊。

ㄴ: 그럼요. 우리 학교 출신치고 일 못하는 사람이 없어요.
那当然，我们学校毕业的人没有不能干的。

(4) ㄱ: 뭘 시킬까요?
点什么菜好呢？

ㄴ: 이 집 음식치고 맛없는 건 없으니까 아무거나 시키세요.
这家餐馆的菜都很好吃，随便点吧。

(5) ㄱ: 이 잡채 맛이 어때요? 맛있지요?
这杂菜的味道怎么样？很好吃吧？

ㄴ: 선영 씨가 만든 음식치고 맛있는 게 없었는데, 이건 맛있네요.
以前善英你做的菜都不怎么样，不过这个很好吃。

(6) ㄱ: 나중에 두고 봅시다.
咱们走着瞧。

ㄴ: 두고 보자는 사람치고 무서운 사람 못 봤어요.
说"走着瞧"的人都不可怕。

4. -어 두다

接动词词干后，表示动作的结果或某种状态一直保持着。与"-어 놓다"的意思相近。

(1) ㄱ: 혹시 제 사전 못 봤어요?
看见我的词典了吗？

ㄴ: 아까 이 책상 위에 놓아 두었는데 어디 갔는지 없네요.
刚才放在这张桌子上了，怎么不见了？

(2) ㄱ: 한국에서 생활하려면 뭘 준비하는 게 좋을까요?
要想在韩国生活的话，需要准备些什么好呢？

ㄴ: 무엇보다 한국어부터 배워 둘 필요가 있을 거예요.
首先有必要学会韩国语。

(3) ㄱ: 뭐 먹을 것 좀 없어요?
有没有什么可吃的？

ㄴ: 배고프면 우선 이 빵이라도 먹어 두세요.
　　肚子饿的话就先吃个面包吧。
(4) ㄱ: 응급 처치법쯤은 상식으로 알아 두세요.
　　作为常识学一点儿急救方法吧。
ㄴ: 정말 알아 두면 좋을 것 같군요.
　　学一点儿倒是有好处。
(5) ㄱ: 이 시계하고 지갑을 사물함에 놔 둬도 괜찮을까요?
　　把表和钱包放进保管箱里没事吧?
ㄴ: 괜히 잃어버리지 말고 아예 카운터에 맡겨 두는 게 좋을 것 같아요.
　　别弄丢啦, 最好交到服务台去。
(6) ㄱ: 지금 제가 하는 이야기를 잘 들어 두십시오. 아주 중요한 이야기입니다.
　　请注意听我现在讲的话, 很重要。
ㄴ: 네, 명심하겠습니다.
　　好的, 一定牢记。

【연습】

1. 〈보기〉의 단어를 이용해서 밑줄 친 곳에 알맞게 고쳐 보세요.

　　〈보기〉
　　　쓰다, 먹다, 입다, 남다, 늘다, 녹다, 맡다, 자다, 울다, 알다

(1) 어머니는 언제나 나에게 예쁜 옷을 _____.
(2) 아이가 열이 많아요. 이 약을 _____.
(3) 심술쟁이 형은 언제나 동생을 _____.
(4) 어머니는 아이에게 예쁜 모자를 _____.
(5) 약속 장소가 정해지면 저에게 _____.
(6) 먹기 싫으면 _____.
(7) 아이가 졸린 것 같으니까 좀 _____.
(8) 무슨 일이든지 그 사람에게 _____ 안심이 됩니다.
(9) 살이 쪄서 치마 허리를 좀 _____.
(10) 요리하기 편하게 고기 좀 _____.

2. 반 친구들과 함께 다음 지시에 따라 행동하면서 게임을 해 보십시오.

(1) 옆 사람을 세우세요.
(2) 옆 사람을 웃겨 보세요.
(3) 옆 사람의 신발을 벗기세요.

(4) 옆 사람을 재우세요.
(5) 옆 사람에게 초콜릿을 먹이세요.
(6) 옆 사람의 가방을 숨기세요.
(7) 자신의 옷을 벗어서 옆 사람에게 입히세요.
(8) 옆 사람에게 노래를 시켜 보세요.
(9) 옆 사람에게 말을 시켜 보세요.
(10) 옆 사람을 놀려서 화가 나게 해 보세요.

3. 이야기해 보세요.

(1) 공부하기 싫어하는 아이에게 재미있게 공부시키는 방법
(2) 수줍음이 많은 친구에게 노래를 시키는 방법
(3) 무뚝뚝해 보이는 사람에게 말 시키는 방법
(4) 강아지 목욕시키는 방법
(5) 떠드는 아이들을 조용히 시키는 방법
(6) 아랫 사람에게 기분 좋게 일 시키는 방법

4. 다음 대화를 완성해 보세요.

(1) ㄱ: 세민 씨는 참 싱거운 사람이에요.
　　ㄴ: 키 큰 사람치고 _____.
(2) ㄱ: 동생이 참 똑똑하네요.
　　ㄴ: 그럼요. 우리 가족치고 _____.
(3) ㄱ: 어제 백화점에서 이 가방을 20만 원이나 주고 샀어요.
　　ㄴ: 백화점 물건치고 _____.
(4) ㄱ: 음식을 안 가리고 뭐든지 다 잘 드시네요.
　　ㄴ: 음식치고 _____.
(5) ㄱ: 저 사람은 정말 믿을 수가 없어요.
　　ㄴ: 맞아요. 평소에 큰소리 치는 사람치고_____.
(6) ㄱ: 한국 사람들은 노래를 잘해요.
　　ㄴ: 한국 사람치고 _____.

5. '-아/어 두다'를 이용해서 대화를 완성하세요.

(1) ㄱ: 여행 비용은 있어요?
　　ㄴ: 네, 그동안 _____.
(2) ㄱ: 열쇠가 어디에 있어요?
　　ㄴ: 글쎄요. 아까 _____.
(3) ㄱ: 배 안 고파요?
　　ㄴ: 아니요, 미리 _____.

(4) ㄱ: 무슨 마늘을 그렇게 많이 사요?
　　ㄴ: 우리 집에서는 언제나 마늘을 한꺼번에 _____.
(5) ㄱ: 아이들도 크는데 우리도 교육 보험 같은 걸 들면 어떨까요?
　　ㄴ: 좋아요. 그런 건 미리 _____.
(6) ㄱ: 혹시 문수 씨네 전화 번호 알아요?
　　ㄴ: 잠깐만 기다리세요. 제 수첩에 _____.

6. 다음 글을 읽고 질문에 대답해 보십시오.

　　우리 할아버지는 올해 연세가 팔순이지만 여전히 정정하십니다. 지금도 건강하신 할아버지의 건강 비결은 평생 해 오신 운동 덕분입니다. 할아버지는 젊으셨을 때부터 언제나 새벽 일찍 일어나서 조깅을 하시면서 하루를 시작하셨다고 합니다. 비가 오나 눈이 오나 할아버지는 하루도 조깅을 거르지 않으십니다. 가끔 주위 사람들이 할아버지에게 건강의 비결이 뭐냐고 물어 보곤 합니다. 그러면 할아버지는 적게 먹고 몸을 많이 움직이고 욕심 많이 안 내는 것이 당신의 건강 비결이라고 말씀하십니다. 나는 아름답게 늙어 가는 우리 할아버지를 정말 존경합니다.

(1) 할아버지는 올해 몇 살이십니까?
(2) 할아버지는 건강을 위해서 어떤 운동을 하십니까?
(3) 할아버지는 당신의 건강 비결을 뭐라고 말씀하십니까?
(4) 나는 왜 할아버지를 존경한다고 했습니까?

7. 여러분은 건강을 위해서 어떤 운동을 합니까? 글로 써 봅시다.

8. 다음 문장을 한국어로 번역하십시오.

　　（1）他把家人和朋友都骗了。
　　（2）我们家没有个子矮的。
　　（3）淘气的妹妹总是折磨姐姐。
　　（4）太热了，麻烦您把空调温度调低一些。
　　（5）信我已经写好了，但一直没有给他。
　　（6）上课时间快到了，快把睡午觉的孩子们叫醒吧。
　　（7）平时学习一些法律常识还是有必要的。
　　（8）老师让迟到的学生们打扫教室。
　　（9）我没见过哪个不努力的人可以真正成功的。
　　（10）我不在的时候，有什么事就让青青做吧。

【보충단어】

거르다(他)滤，隔	괜히(副)白白地，徒然
교육 보험(名)教育保险	남기다(他)剩下
넓히다(他)拓宽	녹이다(他)使熔化，使融化
두고 보다(词组)走着瞧	맡기다(他)托付
명심하다(他)铭记，牢记	무뚝뚝하다(形)生硬
벗기다(他)脱	
보이다(自)"보다"的被动及使动形	사물함(名)保管箱
살리다(他)救活，救命	상식(名)常识
수줍음(名)害羞，羞涩	숨기다(他)藏匿
싱겁다(形)淡	씌우다(他)"쓰다"的使动形
씻기다(他)"씻다"的使动形	아예(副)干脆
앉히다(他)使坐下	알리다(他)告诉
욕심쟁이(名)贪心鬼	웃기다(他)"웃다"的使动形
음치(名)五音不全	응급 처치법(名)紧急救助方法
읽히다(他)"읽다"的使动形	입히다(他)"입다"的使动形
장만하다(他)备置，准备	저기압(名)沉闷，低沉
정정하다(形)硬朗	조깅(名)慢跑
조숙하다(形)早熟	줄이다(他)减少，降低
중고차(名)旧车，二手车	찌그러지다(形)歪，瘪
카운터(名)总服务台	팔순(名)八旬
한꺼번에(副)一下子，一起	
한창(名，副)热火朝天，正是时候	해고시키다(他)解雇

속담

꼬리가 길면 밟힌다.
这句话的字面意思是"尾巴长就会被抓到"。相当于汉语的"狐狸的尾巴藏不住"。

第15课 申师任堂 신사임당

(1)

지 영: 왕단 씨, 혹시 '신사임당'이라는 분을 아세요?

왕 단: 글쎄요. 잘 모르겠는데요. 그런데 얼마 전에 신문에서 어느 훌륭한 어머니가 신사임당상을 받았다는 기사를 읽은 적이 있어요. 도대체 신사임당이란 분은 어떤 분이세요?

지 영: 그렇군요. 신사임당은 조선 시대의 유명한 학자인 율곡 이이란 분의 어머니세요. 한국 사람들이 가장 훌륭한 여성으로서 존경하는 분 중의 하나입니다. 아내로서는 어질었고, 자식으로서는 효성이 지극했고, 또 어머니로서는 훌륭히 자식을 키웠어요. 게다가 거기에 그치지 않고 학문과 예술에도 재능이 남달랐던 여류 예술가이기도 했어요. 정말 다방면에 걸쳐 뛰어났던 슈퍼우먼이라고나 할까요?

왕 단: 제가 듣기로 조선 시대는 여자들이 자신의 뜻을 마음대로 발휘할 수 없었던 시대였다고 하던데요. 그런 시대에 신사임당 같은 분이 있었다는 것은 정말 놀라운 일이네요.

지 영: 그렇지요? 현대 여성들에게는 특히 아들을 훌륭히 키워낸 장한 어머니로서 더 주목을 받고 있어요. 그래서 아까 말씀하신 신사임당상이란 것도 만들어진 거죠.

왕 단: 아하, 그래서 그런 상이 있었군요. 중국에서도 원래부터 훌륭한 자식은 훌륭한 부모 밑에서 나오는 법이라는 말이 있어요. 듣고 보니 신사임당이라는 분은 정말 대단한 분인 것 같네요.

지 영: 맞아요. 그래서 새로 발행된 5만 원권 화폐 도안 주인으로 뽑히기도 했어요. 5천 원권 지폐에는 아들인 이이 선생이, 5만 원권에는 어머니의 초상화가 들어가게 되었어요. 한국 역사에서도 정말 대단한 일이지요.

(2)
　신사임당은 16세기 조선 시대 강릉 사람으로 한국의 대표적인 현모양처로 꼽히는 인물이다. 그녀는 강원도 강릉(江陵) 출생이며, 율곡 이이(栗谷 李珥)의 어머니이다. 그녀는 효성이 지극하고 지조가 높았으며, 자녀 교육에도 남다른 재주를 보여 이이를 조선조의 대표적인 성리학자로 키워냈다.

　어려서부터 경문(經文)을 익히고 문장·침공(針工)·자수(刺繡)에 능했다. 특히 시문(詩文)과 그림에 뛰어나 여러 편의 한시(漢詩) 작품이 전해진다. 특히 그녀는 틈틈이 예술 활동에도 힘을 쏟아 불후의 명작들을 많이 남겨 놓았다. 사임당은 주로 포도, 매화, 난초, 풀벌레, 산수 등을 그렸다. 모두가 생동하는 듯이 섬세한 사실화라서 풀벌레 그림을 마당에 내놓으면 닭이 와서 진짜 풀벌레인 줄 알고 쪼아 먹으려 할 정도였다고 한다.

　한번은 잔칫집에 온 어떤 부인이 잘못해서 치마를 얼룩지게 한 일이 있었다. 그런데 그 치마는 자기 것이 아니라 다른 사람에게서 빌려 입은 것이었다. 그 부인이 하도 걱정을 하자, 사임당은 그 자리에서 얼룩진 치마에 그림을 그리기 시작하였다. 그 그림은 포도를 그린 그림이었는데 어찌나 생동감이 있었는지 마치 실제로 포도송이가 탐스럽게 포도 덩굴에 달려 있는 듯이 보였다.

　이렇듯 뛰어난 예술적 재능을 보인 사임당은 현모양처로서 뿐만 아니라 한국의 대표적인 여류 예술가로 평가받고 있다. 이 때문에 최근에 한국에서 발행된 5만 원권 지폐 도안의 주인공으로 선정되어 역사에 길이 남게 되었다.

【발음】

평가〔평까〕

【새단어】

-고 보니（惯用型）……以后发现……
기사（名）新闻　　　　　　꼽히다（自）（꼽다的被动态）数得着，算得上
놀랍다（形）令人吃惊　　　-는 듯이（惯用型）如同……
-는 법이다（惯用型）一定……，肯定……
닭（名）鸡　　　　　　　　대표적（名）具有代表性的
도안（名）图案　　　　　　-로서（助词）表示身份、资格
마음대로（副）随意　　　　명작（名）名作
불후（名）不朽　　　　　　사실화（词组）写实画
생동감（名）生动感　　　　생동하다（形）生动
선정되다（自）评选，选定　섬세하다（形）细腻

第15课　申师任堂 신사임당

성리학자（名）性理学家
신사임당（名）申师任堂
얼룩지다（自）有斑点
이율곡（名）李栗谷
장하다（形）了不起
주목（名）注目，注视，重视
지조（名）节操，气节
틈틈이（副）抽空
포도 덩굴（名）葡萄藤
현모양처（名）贤妻良母
힘을 쏟다（词组）倾注力量

슈퍼우먼（名）女强人
어질다（形）贤良，贤惠
여류 예술가（名）女艺术家
잔칫집（名）办喜事的人家
재능（名）才能
지극하다（形）极，至极
쪼아 먹다（他）啄着吃
평가（名）评价
풀벌레（名）草丛中的昆虫
효성（名）孝顺

【기본문형】

1. -는 법이다

接动词词干后，表示该动词的动作或状态必然会发生，即该动作具有规律性或必然性。

(1) ㄱ: 김 박사님은 언제 봐도 겸손해요.
　　　 金博士总是很谦虚。
　　ㄴ: 원래 벼는 익을수록 고개를 숙이는 법이에요.
　　　 原本就是知识越多越谦虚。
(2) ㄱ: 민호 씨가 그렇게 크게 출세했다면서요?
　　　 听说民浩取得了很大的成功?
　　ㄴ: 열심히 노력하면 성공하는 법입니다. 민호 씨가 출세한 건 당연해요.
　　　 勤奋努力就一定会成功，民浩的成功是理所当然的。
(3) ㄱ: 요즘 날씨가 왜 이렇게 추운지 모르겠어요?
　　　 真不明白最近天气怎么这么冷?
　　ㄴ: 원래 여름은 덥고 겨울은 추워야 하는 법입니다.
　　　 本来就应该是夏天热，冬天冷。
(4) ㄱ: 영수 씨는 왜 그렇게 오만한지 모르겠어요.
　　　 不知道荣秀为什么那么傲慢?
　　ㄴ: 원래 빈 수레가 요란한 법입니다.
　　　 本来就是半瓶子醋晃荡嘛。
(5) ㄱ: 이번 일은 정말 꼭 성공할 거라고 믿었는데 이제 어떻게 하지요?
　　　 本来一直坚信这件事一定会成功，现在怎么办呢?

129

ㄴ: 너무 낙심하지 마세요. 오르막이 있으면 내리막도 있는 법이니까요.
别太灰心，有上坡就有下坡嘛。

(6) ㄱ: 취직 시험에 떨어졌습니다.
在就业考试中落榜了。

ㄴ: 원숭이도 나무에서 떨어질 때가 있는 법이에요. 다시 한 번 도전해 보세요.
人有失手，马有失蹄，再试一次。

2. -고 보니(까)

接动词词干后，表示该动作引发了后面的结果，或者成为发现某事的契机。相当于汉语的"做……之后，发现（觉得，才知道）……"

(1) ㄱ: 문수 씨 참 괜찮은 사람이지요?
文洙是个相当不错的人吧？

ㄴ: 네, 만나고 보니 정말 호감이 가던데요.
是，见过之后真的很有好感。

(2) ㄱ: 오늘이 홍단 씨 생일 아니에요?
今天不是洪丹的生日吗？

ㄴ: 알고 보니 오늘이 아니라 어제였어요.
一打听才知道，不是今天，是昨天。

(3) ㄱ: 사업이 잘 되신다면서요?
听说事业进展很顺利？

ㄴ: 네, 처음엔 걱정을 많이 했는데 막상 시작하고 보니 할 만합니다.
是的，一开始很担心，但是开始以后发现还是做得来的。

(4) ㄱ: 혹시 내 책 못 보셨어요? 버스에서 내리고 보니 책이 없네요.
看见我的书了吗？下了公交车以后，发现书不见了。

ㄴ: 버스에 두고 내렸나 봐요.
看来是落在车里了。

(5) ㄱ: 드디어 논문을 다 썼다면서요?
听说终于把论文写完了？

ㄴ: 네, 쓸 때는 힘들었는데 끝내고 보니 아쉬움이 많네요.
是的，写的时候很费力气，写完了发现有很多遗憾。

(6) ㄱ: 듣고 보니 사정이 참 안됐네요. 어떻게 그렇게 안 좋은 일이 겹쳐서 일어났지요?
听了之后，觉得他的情况真是很不好，为什么不幸的事这样接连发生呢？

ㄴ: 글쎄 말이에요. 그래서 저희 친구들이 도와줄 방법을 찾고 있어요.
是啊，所以我们这些朋友正在想办法帮他。

3. -듯이, -듯하다

接动词或形容词后，表示"好像""似乎""像……似的"的意思。根据词性和时态的不同，前面接"-(으)ㄴ/는/(으)ㄹ"等形式。

(1) ㄱ: 문수 씨는 요즘 바쁜 모양이에요. 얼굴을 보기가 힘드네요.
　　　最近文洙好像很忙，很难见到他的面。
　　ㄴ: 오후에 뭘 배우러 다니는 듯해요.
　　　好像下午去学什么了。

(2) ㄱ: 개들이 왜 저렇게 짖지요?
　　　狗为什么叫个不停？
　　ㄴ: 밖에 누가 온 듯한데요.
　　　外面好像来人了。

(3) ㄱ: 지영 씨가 금방 눈물이라도 흘릴 듯한 얼굴을 하고 있던데 무슨 일이 있어요?
　　　看志英的表情好像马上就要流下泪来似的，出什么事了？
　　ㄴ: 지영 씨 어머님이 많이 아프시대요.
　　　听说志英的母亲病得很重。

(4) ㄱ: 저 사람이 누구예요?
　　　那个人是谁？
　　ㄴ: 민호 씨를 몰라요? 민호 씨는 지영 씨를 잘 아는 듯이 말하던데요.
　　　你不认识民浩吗？民浩说起你来好像很熟的样子。

(5) ㄱ: 우리 개가 어제부터 밥도 안 먹고 죽은 듯이 누워 있어요.
　　　我家的狗从昨天开始饭也不吃，躺在那里一动不动。
　　ㄴ: 병원에 데려가야겠네요.
　　　看来得送医院了。

(6) ㄱ: 남편 때문에 속상해 죽겠어요. 술만 마시면 동네가 떠나갈 듯이 노래를 불러요.
　　　我因为丈夫伤心死了，他只要一喝酒就惊天动地地唱歌。
　　ㄴ: 어젯밤에 시끄럽게 소리 지르던 사람이 돌이 아빠였어요?
　　　昨天晚上大声吵闹的是石头爸爸吗？

【연습】

1. '-는 법이다'를 사용해서 대화를 완성해 보세요.

(1) ㄱ: 올해 여름은 유난히 더운 것 같아요.
　　ㄴ: _____.

(2) ㄱ: 급하게 밥을 먹었더니 속이 안 좋아요.
　　ㄴ: _____.
(3) ㄱ: 문수 씨가 그렇게 열심히 공부하더니 수석 합격했다면서요?
　　ㄴ: _____.
(4) ㄱ: 우리 아이가 요즘 나쁜 친구들을 사귀더니 이상해졌어요.
　　ㄴ: _____.
(5) ㄱ: 아이를 너무 귀여워해 줬더니 버릇이 없어져서 걱정이에요.
　　ㄴ: _____.
(6) ㄱ: 지영 씨가 남자 친구를 사귀더니 몰라볼 만큼 예뻐진 것 같아요.
　　ㄴ: _____.

2. '-고 보니'를 사용해서 대답해 보세요.

(1) ㄱ: 일이 마음에 듭니까?
　　ㄴ: _____.
(2) ㄱ: 이 선생님 소식 들으셨어요?
　　ㄴ: _____.
(3) ㄱ: 한국어 공부가 어렵지 않아요?
　　ㄴ: _____.
(4) ㄱ: 홍단 씨 참 좋은 사람이지요?
　　ㄴ: _____.
(5) ㄱ: 그곳에 가 본 느낌이 어때요?
　　ㄴ: _____.
(6) ㄱ: 어제 소개 받은 사람이 대학 동창이라면서요?
　　ㄴ: _____.

3. 다음 문장을 '-듯이'나 '-듯하다'를 이용해서 다시 써 보십시오.

(1) 하늘에 구멍난 것처럼 비가 쏟아집니다.
　　→ _____.
(2) 왜 알면서도 모르는 것처럼 행동하세요?
　　→ _____.
(3) 성호 씨가 날 봤으면서도 못 본 것처럼 외면하고 지나갔어요.
　　→ _____.
(4) 왕단 씨에게 무슨 일이 생긴 것 같아요.
　　→ _____.
(5) 요즘 이 책이 날개 돋친 것처럼 잘 팔립니다.
　　→ _____.

第15课　申师任堂 신사임당

(6) 집안에 불이 꺼져 있는 걸 보니 아무도 없는 것 같습니다.
→ _____.

4. 다음 글을 읽고 질문에 대답하세요.

　　조선 시대의 대표적인 여류 예술가인 신사임당은 여성으로서의 덕행과 재능을 겸비한 현모양처로 유명하다. 신사임당은 부모님에 대한 효성 또한 지극했는데 강릉 친정을 떠나 대관령을 넘어 서울 시댁으로 가면서 어머니를 생각하면서 지었다는 다음의 시는 너무나 유명하다.

산이 많은 내 고향은 천리길이지만
자나 깨나 꿈 속에서도 돌아가고 싶어라
한송정 가에는 외롭게 뜬 달
경포대 앞의 한 줄기 바람
갈매기는 모래 위에 흩어졌다 모이고
고깃배들은 바다 위를 오고 가네
언제나 다시 고향 길 밟아서
색동옷 입고 앉아 바느질할까

　　신사임당의 아들 이율곡은 〈행장기〉를 지어서 이러한 어머니의 효성과 우아한 성품과 예술적 재능을 기록하였다.

(1) 신사임당은 어느 시대 사람입니까?
(2) 신사임당은 무엇으로 유명합니까?
(3) 위의 시는 언제 지은 것입니까?
(4) 위의 시의 내용은 어떤 것입니까?
(5) 〈행장기〉는 누가, 왜 지은 것입니까?

5. 여러분은 역사상 인물 중 어떤 여성을 가장 존경합니까? 그분을 소개하는 글을 존경하는 이유와 함께 써 보십시오.

6. 다음 문장을 한국어로 번역하십시오.
（1）我昨晚写完作业后发现都已经12点多了，所以就没给您打电话。
（2）勤奋就会得到赞扬，懒惰就会受到批评。
（3）那个人好像是医生。
（4）世民为了准备资格考试，最近疯了一样地学习。
（5）——上周看到这双鞋很便宜就买了，但是穿上去不舒服。

──本来就是便宜没好货嘛。
（6）寒冷天气似乎要持续到下个星期。
（7）我从出租车上下来以后，发现外套落在车里了。
（8）──听说我们班学习最好的志英在全国作文比赛中只得了第三名？
──原本就是山外有山，人外有人，我们还要继续努力啊。
（9）我原以为这本书很容易，开始翻译以后才知道原来内容很难。
（10）最近我得了重感冒，头痛欲裂。

【보충단어】

갈매기（名）海鸥	겸비하다（形）兼备
경포대（名）（古迹）镜浦台	고깃배（名）渔船
군（名）郡	낙심하다（自）灰心
날개 돋친 듯 팔리다（词组）卖得快	닥치다（自）临近，迫近
당연하다（形）当然	대관령（名）大关岭
덕행（名）德行	도리（名）道理
뚫어지다（自）破，穿	막상（副）实际上，真的
바느질하다（自）做针线活	
벼는 익을수록 고개를 숙인다（谚语）谷穗越成熟，头垂得越低	
빈 수레가 요란하다（谚语）半瓶子醋晃荡	
살림하다（自）过日子	색동옷（名）彩缎衣服
성품（名）品性	속이 안 좋다（词组）肚子不舒服
시댁（名）婆家	아쉬움（名）遗憾
언론인（名）新闻工作者，新闻记者	엄격하다（形）严格
오르막이 있으면 내리막이 있다（谚语）有上坡路一定有下坡路，有成功就有失败	
오만하다（形）傲慢	우아하다（形）优雅
원숭이도 나무에서 떨어진다（谚语）人有失手，马有失蹄	

속담

공은 공이고, 사는 사다.

这句话的字面意思是"公是公，私是私"。
相当于汉语的"泾渭分明""公私分明"。

文化阅读3

한국 화폐 속 위인들

　화폐는 사람들이 항상 가지고 사용하는 필수품이자 국가를 나타내는 상징이다. 따라서 화폐의 도안으로 사용되는 것은 대부분 각국을 대표하는 것이다. 그 중에서도 화폐 속 인물은 역사적으로 충분한 검정을 거쳐 논란의 소지가 없고 국민들에게 존경을 받아야 한다. 그럼 화폐를 통해 한국의 역사와 위인의 면모를 한번 살펴보기로 하자.

1) 백 원 동전: 이순신과 거북선

　이순신(李舜臣, 1545 ~ 1598년)은 한국을 대표하는 장군이다. 자신이 직접 고안한 철갑선 '거북선'을 사용하여 적을 무찌르는데 혁혁한 공을 세웠다.

2) 천 원 지폐: 퇴계 이황과 도산서원

　이황(李滉, 1501~1570년)은 조선 중기의 문신이자 학자로 호가 퇴계(退溪)이다. 이황은 성리학의 대가로 퇴계학파를 형성해 정신적 지도자로 매우 존중을 받았다.

3) 오천 원 지폐 : 율곡 이이와 오죽헌

　이이(李珥, 1536~1584년)는 호가 율곡(栗谷)이며, 퇴계 이황과 함께 조선 중기를 대표하는 학자이다. 신사임당의 아들로도 유명하다.

4) 만 원 지폐: 세종대왕과 근정전(경복궁)

　세종대왕 (世宗, 1397~1450년)은 조선의 4대 왕이다. 당시 글자가 없어 글을 읽지 못하는 백성들을 가엾게 여긴 세종대왕은 오랜 노력 끝에 '한글'을 만들었다. 또한 측우기, 해시계(앙부일구) 등의 천문 과학 기구를 만들고, 국방에도 힘쓰는 등 나라를 발전시킨 위대한 왕이다.

5) 오만 원 지폐: 신사임당

　신사임당은 조선중기 여류 서화가이다. 시문과 그림에 뛰어난 신사임당은 율곡 이이의 어머니로도 잘 알려져 있다. 효성이 지극하고 지조가 높으며 자녀교육에도 힘써 현모양처로 귀감이 되고 있다.

第16课 首尔 서울

(1)
왕 단: 서울은 아주 매력적이고 인상적인 도시인 것 같아요.
지 영: 그렇죠. 저도 서울이 고향이지만 참 좋은 도시라고 느낄 때가 많아요. 왕단 씨는 중국의 크고도 유서 깊은 도시들을 많이 보았을 텐데 서울에서 무슨 특별한 인상이라도 받으셨나요?
왕 단: 네, 서울은 우선 현대와 과거가 공존하는 곳이라는 생각이 강하게 들어요. 높은 빌딩들이 솟아 있는 도심 곳곳에 고궁들이 있고, 또 한옥 마을 등 전통 가옥들도 있잖아요. 역사가 오래된 도시에서만 느낄 수 있는 그런 분위기가 있는 것 같아요. 사실 우리 베이징도 그런 편이거든요.
지 영: 그렇죠. 지난번 베이징에 갔을 때 저도 그런 비슷한 느낌을 받았어요. 그런데 서울의 고궁은 구경해 보셨어요?
왕 단: 그럼요. 그 중에서도 창덕궁은 첫눈에 반해서 여러 번 갔다 온 걸요.
지 영: 창덕궁은 저도 좋아해요. 그러고 보니 왕단 씨는 서울 생활에 아주 만족스러워하는 것 같네요.
왕 단: 그럼요. 너무 복잡해서 좀 정신이 없을 때도 있지만, 대체로 아주 만족스러운 걸요. 그리고 저는 서울에 살면서 등산하는 취미를 갖게 되었어요.
지 영: 그래요? 주로 무슨 산을 올라가나요?
왕 단: 요즘 주말이면 북한산에 올라가요. 서울 주변에는 아름다운 산들이 많아서 정말 좋아요. 관악산도 그렇고, 인왕산도 그렇고. 이런 대도시 주변에 좋은 산들이 많다는 것은 정말 큰 복이에요. 베이징만 해도 산을 보려면 북쪽으로 한참을 가야 하거든요.

지 영: 그렇군요. 산도 산이지만, 한강을 끼고 있어 서울은 여러 가지 좋은 점들을 가지고 있어요. 우리 다음 주에는 한강 유람선을 타러 한번 가 봐요.
왕 단: 그거 참 좋은 생각이네요. 우리 꼭 같이 가요.

(2)

　서울은 1394년 조선 왕조가 한양에 도읍을 정한 이래로 600년이 넘게 한국의 수도이자 정치, 경제, 사회, 문화의 중심지이다. 이런 경우는 세계에서도 유래를 찾아보기 힘들 정도다.
　서울은 풍수지리상으로도 더할 나위 없는 명당으로 꼽힌다. '배산임수'라는 말과 같이 북쪽에는 북한산(北漢山)이, 동쪽에는 낙산(駱山)이, 서쪽에는 인왕산(仁旺山)이, 남쪽에는 남산(南山)이 자리하고 있으며, 남쪽으로는 한강이 흐르고 있다.
　역사가 오래된 도시답게 서울에는 조선 시대의 고궁을 비롯한 많은 유적지들이 남아 있다. 한편 한국의 중심 도시답게 서울에는 각종 정부 기관 및 국회, 기업체, 금융기관, 교육기관, 언론기관 등이 몰려 있다. 광화문과 종로, 명동, 여의도, 강남 등지가 서울의 중심지다.
　19세기 말까지만 해도 서울은 한강 이북의 동대문, 서대문, 남대문 등 서울의 사대문 안만을 가리켰다. 그러나 1970년대 이후 한강 이남 지역이 개발되면서 지금은 한강을 중심으로 한 거대한 도시가 되었다. 현재도 새로운 고층 빌딩이 들어서는 한편 많은 녹지 공간이 조성되는 등, 서울은 계속 새로운 모습으로 나날이 발전해 가고 있다.
　그러나 서울은 인구 천만이 넘는 거대 도시로서의 문제점을 안고 있는 것 또한 사실이다. 무엇보다도 인구 밀집으로 인한 주택 문제, 교통 문제, 공해 문제 등이 시급히 해결되어야 할 문제점이다.
　분명한 것은 서울은 한국의 수도이며, 한국인들이라면 자랑하고 사랑하며 아껴야 할 도시라는 것이다. 그리고 청계천 복원 공사에서도 보았듯이 가꾸기에 따라서는 더욱 발전할 가능성을 가진 도시이다. 전통과 현대, 자연과 인공이 이렇게 적절하게 어우러진 수도를 세계적으로 찾기란 매우 어렵다. 그만큼 서울은 매력적인 도시이다.

【발음】

발전 〔발쩐〕　　　　　　　　문제점 〔문제쩜〕
밀집 〔밀찝〕

【새 단어】

고층 빌딩（名）高层楼房，高楼大厦
금융기관（名）金融机关
더할 나위 없다（词组）没有比这更……，没有比这再……
-로 인한（惯用型）因……的
명당（名）风水宝地，（喻）对某事绝好的位置
문제점（名）问题
배산임수（名）依山傍水
시급히（副）紧急
어우러지다（自）和谐，打成一片
유서（名）由来，来历
적절하다（形）合适，妥当
첫눈에 반하다（词组）一见钟情，一见倾心
풍수（名）风水

공존하다（自）共存
녹지 공간（名）绿地空间
밀집（名）密集
복원（名）复原
-어 가다（惯用型）……下去
유래（名）由来，来由
언론（名）舆论
청계천（名）（观光地）清溪川
한옥（名）韩式房屋

【기본문형】

1. -스럽다

接名词后，构成形容词（만족-，부담-，사랑-，걱정-，복-，탐-）。原则上"-스럽다"只能与以闭音节结尾的名词结合，但最近很多人也将"-스럽다"与"자유, 죄"等以开音节结尾的名词结合使用。

(1) 직장 생활이 만족스럽지 않습니까?
　　职场生活不满意吗?
(2) 제 성의니까 부담스럽게 생각하지 마시고 받으세요.
　　这是我的诚意，不要想得太多，请收下。
(3) 아기의 웃는 모습이 얼마나 사랑스러운지 몰라요.
　　孩子的笑脸不知有多可爱。
(4) 최근의 수출입 동향을 보면 앞으로의 경제가 걱정스러워요.
　　从最近进出口动向来看，未来的经济令人担忧。
(5) 며느님 얼굴이 무척 복스럽게 생겼네요.
　　您儿媳妇脸庞长得很富态。
(6) 마당에 사과와 배가 아주 탐스럽게 열렸어요.
　　院子里结了很多苹果和梨，真招人喜欢。

2. -자

接名词后，表示并列关系，相当于"既是……（前面的名词），又是……（后面的名词）"。

(1) 그분은 위대한 정치가이자 교육자이십니다.
    他是伟大的政治家和教育家。
(2) 오늘은 시인이시자 소설가이신 고은 선생님을 모시고 강연을 듣는 자리를 마련했습니다.
    今天，我们有幸请来诗人兼小说家高银先生带来一场精彩演讲。
(3) 저분은 대학 교수이시자 한국 과학자협회 회장이십니다.
    那位既是大学教授，又是韩国科学家协会会长。
(4) 서울은 한국의 수도이자 정치, 경제, 사회, 문화의 중심지이다.
    首尔既是韩国的首都，又是政治、经济、社会、文化的中心。
(5) 8월 15일은 대한민국의 광복 기념일이자 정부 수립일입니다.
    8月15日既是大韩民国的光复纪念日，又是政府成立日。
(6) 광복절 연휴이자 휴가철을 맞아 산과 바다는 휴가를 즐기는 피서객들로 붐비고 있습니다.
    迎来了光复节连休及休假季节，山里和海边挤满了度假、避暑的人。

3. -(으)로 인하여

接名词后，表示原因。如果要做为定语修饰后面的名词，则使用"-로 인한"的形式。常用于书面语或正式场合的口语中。

(1) 이번 폭우로 인하여 많은 이재민이 발생했습니다.
    由于这场暴雨，出现了许多灾民。
(2) 지난번 일어난 산불로 인하여 수림의 삼분의 일이 타 버렸습니다.
    由于上次发生的火灾，三分之一的树林被烧光了。
(3) 며칠 전에 발생한 지진으로 인하여 많은 건물이 무너졌습니다.
    由于几天前发生的地震，很多建筑物倒塌了。
(4) 전쟁으로 인하여 많은 고아들이 생겨났습니다.
    由于战争，出现了许多孤儿。
(5) 최근 엔고 현상으로 인하여 수출이 크게 늘고 있습니다.
    由于最近日元升值，出口量大量增加。
(6) 최근 들어 교통사고로 인한 사망이 크게 줄고 있습니다.
    最近因交通事故导致的死亡人数在大幅减少。

4. -아/어 가다

接动词词干后，表示某动作或状态的延续。相当于汉语的"……下去"。

(1) 혼수를 많이 준비하지 않을 거예요. 앞으로 살아 가면서 하나씩 장만할 거예요.
　　不会准备很多的结婚用品，将来一边过日子，一边慢慢置备。
(2) 부부는 살면서 닮아 간다는 말이 있습니다.
　　有"夫妻俩在共同生活中越长越像"这么一句话。
(3) 성호 씨, 몸이 점점 말라 가는 것 같습니다. 어디 안 좋으십니까?
　　成浩，你好像身体越来越瘦，哪儿不舒服吗?
(4) 조상들에게서 물려받은 전통을 계승, 발전시켜 가는 일은 우리 젊은이들이 해야 할 몫입니다.
　　继承并发展祖先留给我们的传统是我们年轻人应尽的责任。
(5) 음식이 앞에 있는데 왜 말씀들만 하십니까? 음식도 들어 가면서 천천히 이야기를 나누십시오.
　　饭菜就摆在面前，怎么光说话? 边吃边慢慢聊吧。
(6) 무슨 일을 쉬지도 않고 하세요? 좀 쉬어 가면서 하세요.
　　在干什么活? 也不歇一歇，悠着点儿干吧。

【연습】

1. 다음 밑줄친 곳에 <보기>의 명사 중 적절한 것을 골라 '-스럽다, -롭다, -답다'를 붙여 써 넣으십시오.

　　　<보기> 인간, 자유, 부담, 남자, 슬기, 만족, 걱정, 사랑

(1) 요즘은 일에 치여서 내가 왜 사는지도 모르겠어요. 여유를 가지고 ＿＿＿＿＿＿＿＿ ＿＿＿＿＿＿＿ 살고 싶어요.
(2) 회의가 잘 되어 모두들 ＿＿＿＿＿＿＿＿＿＿＿＿＿＿＿＿＿ 얼굴로 돌아갔습니다.
(3) 아기의 웃는 얼굴은 이 세상 무엇보다도 ＿＿＿＿＿＿＿＿＿＿＿＿＿＿＿＿＿.
(4) 저희 부모님은 정말 엄격하세요. 저도 남들처럼 ＿＿＿＿＿＿＿＿＿＿＿＿＿＿외출도 하고 여행도 다니고 싶어요.
(5) 부모님께서 저에게 걸고 계신 기대를 생각하면 너무 ＿＿＿＿＿＿＿＿＿＿＿＿＿＿.
(6) 여러 사람의 머리를 모아 이 문제를 ＿＿＿＿＿＿＿＿＿＿＿＿＿＿ 해결합시다.

2. '-자'를 이용하여 문장을 완성하십시오.

(1) 중국은＿＿＿＿＿＿＿＿＿＿＿＿＿＿＿＿＿＿＿＿＿＿＿＿＿＿＿＿＿＿＿＿＿＿＿.
(2) 베이징은＿＿＿＿＿＿＿＿＿＿＿＿＿＿＿＿＿＿＿＿＿＿＿＿＿＿＿＿＿＿＿＿＿.
(3) 한국의 대통령은＿＿＿＿＿＿＿＿＿＿＿＿＿＿＿＿＿＿＿＿＿＿＿＿＿＿＿＿.
(4) 오늘은＿＿＿＿＿＿＿＿＿＿＿＿＿＿＿＿＿＿＿＿＿＿＿＿＿＿＿＿＿＿＿＿＿＿.
(5) 공자는＿＿＿＿＿＿＿＿＿＿＿＿＿＿＿＿＿＿＿＿＿＿＿＿＿＿＿＿＿＿＿＿＿＿.

(6) 세종대왕은_____.

3. 세계 곳곳에서는 많은 기상 이변, 천재지변, 전쟁 등으로 인해 많은 재난이 발생하고 있습니다. 무슨 일로 인하여 어떤 재난이 발생하고 있는지 <보기>와 같이 글을 써 보십시오.

> <보기>
> 요즘 들어 음주운전으로 인한 교통사고가 늘고 있다. 경찰청에서는 음주운전으로 인한 교통사고를 줄이기 위하여 매일 밤 음주운전 단속을 실시하고 있으나 교통사고는 좀처럼 줄지 않고 있다.

(1) _____

(2) _____

(3) _____

(4) _____

4. 우리는 훌륭한 전통문화를 가진 조상의 후손으로서의 의무와 권리를 가지고 있습니다. '-어 가다'를 이용해 어떤 의무와 권리를 가지고 있는지 표현해 보십시오.

(1) _____.
(2) _____.
(3) _____.
(4) _____.
(5) _____.
(6) _____.

5. 다음 내용을 조사해 이야기를 나눠 보십시오.

(1) 서울의 인구
(2) 서울의 주요 교통수단

(3) 서울의 지역에 따른 특징
(4) 서울의 역사
(5) 서울에서 젊은이들이 가장 많이 모이는 곳
(6) 서울의 관광 명소

6. 다음은 서울 시내의 한 모습입니다. 다음을 잘 읽고 질문에 대답하십시오.

　　5일 정오경 서울 시청 건너편 덕수궁 입구인 대한문에 "점심시간 산책을 원하는 직장인들에게 무료로 개방합니다."라는 안내문이 내걸렸다. 이어 광화문과 시청 주변에서 일하는 직장인들이 삼삼오오 들어서고 있었다.
　　덕수궁 안뜰은 금세 점심시간을 이용해 산책을 나왔거나 아예 김밥 등을 싸가지고 와 점심 식사를 하는 남녀 직장인들로 붐볐다. 기념 촬영을 하기 위해 이곳을 찾은 40여 쌍의 신혼부부들이 새하얀 웨딩드레스와 턱시도 차림으로 잔디밭에서 포즈를 취하는 모습들도 보였다. 이날 무료 개방한 한 시간 동안 덕수궁을 찾은 직장인은 평소의 두 배인 200여 명에 이른다.
　　따뜻한 봄볕 속에서 즐겁게 식사를 마친 사람들은 "앞으로 이 근처 직장에 다니는 애인을 구해 점심시간마다 이곳에서 도시락 데이트를 해야겠다."며 농담을 하기도 했다. 덕수궁 관리 사무소 측이 틀어주는 은은한 옛 궁중 음악에 귀를 기울이며 동료와 이야기를 나누던 김남채 씨는 "일부러 시간을 내지 않고는 올 수 없었던 덕수궁에서 점심 산책을 즐기고 나니 ＿＿＿＿＿＿＿＿＿＿＿＿＿＿＿＿＿" 라며 좋아했다. 이날 점심시간 동안 덕수궁을 찾은 사람들의 표정은 하나같이 밝고 평화로웠다.

(1) 위의 글에 제목을 붙여 보십시오.
(2) 점심시간의 덕수궁 입장료는 얼마입니까?
(3) 신혼부부들은 덕수궁에 무엇을 하러 왔습니까?
(4) 밑줄 친 곳에 알맞은 말을 써 넣으십시오.

7. 여러분은 서울에 가면 어디를 가 보고 싶습니까? 여러분이 가장 가 보고 싶은 곳을 조사하여 써 보십시오.

8. 다음 문장을 한국어로 번역하십시오.

(1) 爸爸因儿子的成功而感到自豪。
(2) 他既是我的高中学长，也是我的大学老师。
(3) 最近由于经济不景气，失业率大幅增加。
(4) 这次考试既是挑战也是机会。

（5）因为这场雪，世界变成了白色。
（6）爷爷的身体状况很让人担忧。
（7）今年10月1日既是国庆节，也是中秋节。
（8）现在全球经济正在慢慢恢复。
（9）由于地震而产生的灾民们现在需要及时而有效的支援。
（10）房间太热了，花正在渐渐枯萎。

【보충단어】

계승（名）继承	고아（名）孤儿
궁중 음악（名）宫廷音乐	광복 기념일（名）光复纪念日
단속하다（他）管制	동향（名）动向
몽골（名）蒙古	발생하다（自）发生
복스럽다（形）富态	-분의（名）……分之……
사망（名）死亡	삼삼오오（副）三三两两
성의（名）诚意	수출입（名）进出口
엔고 현상（名）日元升值现象	엘리뇨 현상（名）厄尔尼诺现象
여위다（形）瘦	은은하다（形）隐隐约约
이재민（名）灾民	정부 수립일（词组）政府成立日
탐스럽다（形）令人喜爱的	폐해（名）弊端，弊病
포즈를 취하다（词组）摆姿势	협회장（名）协会会长
혼수（名）结婚用品	

속담

눈에 콩깍지가 씌었다.

这句话的字面意思是"眼睛被豆皮蒙住了"。多指恋爱中的人总是看对方很好。相当于汉语的"情人眼里出西施"。

第17课 丝绸之路——东西文明的桥梁
실크로드—동서문명의 가교

(1)

장 걸: 세민 씨, 실크로드에 대해 들어 본 적 있어요?
세 민: 그럼요. 중국 중원 지방에서 지중해에 이르기까지의 고대 무역로잖아요.
장 걸: 한국분인데도 잘 알고 계시네요.
세 민: 그럼요. 예전부터 관심이 있어서 실크로드에 관한 책도 사서 읽고, 텔레비전에서 다큐멘터리도 보고 했거든요.
장 걸: 아, 그랬군요. 실크로드는 무역로로서의 역할뿐만 아니라 중국과 서역의 문물을 교류시키는 역할도 했다고 해요.
세 민: 네, 맞아요. 실크로드를 통해 불교를 비롯한 여러 종교와 문물들이 중국에 들어왔어요. 그리고 반대로 중국의 제지법이나 양잠 기술 등이 이 길을 통해 서방으로 전달되기도 했고요. 동서의 문화가 서로 발전되는 좋은 계기를 만든 대단한 일이었던 것 같아요. 그런데 장걸 씨는 실크로드에 가 본 적이 있어요?
장 걸: 아니요, 사실 제가 중국 사람이긴 해도 실크로드에 한번 가 보는 것은 정말 힘든 일이에요. 그래도 언제 기회가 닿으면 꼭 한번 가 볼 생각이에요.
세 민: 그럼 그때가 오면 우리 함께 가도록 해요.
장 걸: 좋지요.

第17课 丝绸之路——东西文明的桥梁 실크로드——동서문명의 가교

(2)

실크로드는 고대에 비단 무역을 계기로 해서 중국과 서역 각국의 정치, 경제, 문화를 이어준 육해 교통로의 총칭이다. 중국에서 서방으로 간 대표적 상품이 비단이었기에 붙여진 이름이다. 또한 서방으로부터도 보석·옥·직물 등의 산물이나 불교·이슬람교 등이 이 길을 통하여 동아시아에 전해졌다.

실크로드는 중국 중원지방에서 시작되어 지중해 동안과 북안에 이르는, 총 길이 6,400km에 달하는 길이다. 한무제 때 처음으로 서역을 개척한 이래, 중국의 역대 왕조는 중앙아시아 및 서아시아의 여러 나라와 끊임없이 사절을 교환했고, 민간인들의 왕래도 빈번하게 되었다. 실크로드를 통한 교역이 가장 활발했던 시기는 당나라 때였다. 이러한 왕래는 문물과 문화의 교류를 촉진시켰다.

실크로드를 통해 불교를 비롯한 여러 종교가 중국에 전래되었다. 그리하여 당나라 때에는 장안에 페르시아인을 비롯한 적지 않은 수의 서역인들이 거주하게 되면서 서역의 문화를 유행시키기도 했다. 또한 제지나 화약, 나침반 등 중국의 발달된 문물이 서양에 전래되었다.

이렇게 실크로드는 동서문화를 교류하는 계기가 되었다는 점에서 세계 문화사적으로도 큰 의미를 갖는다.

【발음】

전래 〔절래〕

【새 단어】

각종 (名) 各种	개척하다 (他) 开拓
교류시키다 (他) 使……交流	끊임없이 (副) 不断地
나침반 (名) 罗盘, 指南针	다큐멘터리 (名) 纪录片, 纪实
당나라 (名) 唐代, 唐朝	
-를 비롯한 (惯用型) ……等, 以……为首的	
문물 (名) 文物	민간인 (名) 民间人士
보석 (名) 宝石	불교 (名) 佛教
비단 (名) 丝绸, 绸缎	빈번하다 (形) 频繁, 频仍
사절 (名) 使节	산물 (名) 产物
서역 (名) 西域	양잠 (名) 养蚕
옥 (名) 玉	육해 (名) 陆海 (陆地与海洋的合称)
이슬람교 (名) 伊斯兰教	장안 (名) 长安
전래되다 (自) 传来, 传下来	제지 (名) 造纸

지중해（名）地中海 　　　직물（名）织品，织物
촉진시키다（他）促进 　　　총칭（名）总称
페르시아（名）波斯 　　　한무제（名）汉武帝
화약（名）火药

【기본문형】

1. -에 대해(서), -에 대한

　　接名词后，表示动作涉及的对象，相当于汉语的"对于"或"关于"等。与"-에 관해(서), -에 관한"意义相近。当后面是陈述句时，用"-에 대해(서)"；当后面是名词时，用"-에 대한"。

(1) ㄱ: 잇단 골프장 건설에 대해 어떻게 생각하시는지, 의견을 말씀해 주십시오.
　　　你对接连不断地建高尔夫球场是怎么想的，请讲一下你的意见。
　　ㄴ: 즉시 중단되어야 한다고 생각합니다.
　　　我认为应该马上终止。

(2) ㄱ: 이순신 장군에 대해 들어 본 적이 있습니까?
　　　听说过李舜臣将军吗?
　　ㄴ: 그럼요. 이순신 장군 전기도 읽었는데요.
　　　当然，还读过李舜臣将军的传记呢。

(3) ㄱ: 한국 현대사에 대해서 공부를 하고 싶습니다. 좋은 책이 있으면 추천해 주십시오.
　　　想学习韩国现代史，如果有好书，请推荐给我。
　　ㄴ: 강만길 선생님이 쓰신《한국 현대사》를 읽어 보십시오.
　　　请读姜万吉先生写的《韩国现代史》吧。

(4) ㄱ: 개발과 환경 중 어느 것을 우선해야 한다고 생각하십니까?
　　　你认为发展和环境问题哪一个应该优先?
　　ㄴ: 그 문제에 대해서는 한번도 생각해 보지 않았는데요.
　　　关于这个问题，一次都没有想过。

(5) ㄱ: 핵 문제에 대한 의견이 있으시면 말씀해 주십시오.
　　　请说说您对核问题有什么见解。
　　ㄴ: 글쎄요, 저는 그 문제에 대해 별로 생각해 본 적이 없습니다.
　　　可是，关于这个问题，我没怎么想过。

(6) ㄱ: 종교가 있으세요?
　　　你信教吗?

第17课 丝绸之路——东西文明的桥梁 실크로드——동서문명의 가교

ㄴ: 아니요, 없어요. 전 종교에 대해 별로 안 좋은 생각을 가지고 있어요.
不，不信，我对宗教有点儿看法。

2. -를 비롯해서(비롯하여)

接名词后，表示"以某物为代表，也包括其他事物"。相当于汉语的"以……为代表""以……为首"等。

(1) 2018년 월드컵 개막식에는 개최국의 대통령을 비롯하여 각국의 대통령과 수상들이 참석할 것이다.
包括主办国总统在内的世界各国总统、首相都将出席2018年世界杯开幕式。

(2) 서울에는 경복궁을 비롯하여 많은 고궁들이 있다.
首尔有景福宫等许多古代宫殿。

(3) 10월에는 개천절을 비롯하여 많은 기념일이 있다.
10月份有开天节等许多纪念日。

(4) 사장님을 비롯하여 전 직원이 열심히 일한 덕택에 수출이 크게 늘었다.
由于经理等全体职员努力工作，出口大幅度增加。

(5) 결혼식 피로연 음식이 상해서 신랑 신부를 비롯하여 많은 하객들이 식중독에 걸렸답니다.
听说因为婚宴上的饭菜变质，新郎、新娘以及许多宾客都食物中毒了。

(6) 다음 달 15일에는 학과별 체육대회가 있습니다. 그러니까 과대표를 비롯해서 학생 모두가 협력해 준비해 주기 바랍니다.
下个月15号将举行各系运动会，希望各系代表及各位同学都予以协助。

3. -기도 하다

接动词或形容词后，表示包括。

(1) ㄱ: 술을 전혀 안 드세요?
一点都不喝酒吗？
ㄴ: 아니요, 어쩌다 마시기도 합니다.
不，偶尔也喝。

(2) ㄱ: 휴일에는 보통 뭘 하세요?
你休息日一般都做什么？
ㄴ: 산에 가기도 하고 친구를 만나기도 하고 그래요.
要么爬山，要么见朋友。

(3) ㄱ: 왜 선을 안 보세요?
为什么不去相亲？
ㄴ: 전에 몇 번 보기도 했는데, 그렇게 해서는 마음에 드는 사람을 만나기 힘들 것 같아서요.
以前也相过几次，但觉得靠相亲很难找到意中人。

(4) ㄱ: 학원에 다녀 보기도 하고 혼자 공부해 보기도 하고 했는데 한국어 실력이 잘 안 느네요.
又是去培训机构上学，又是自学，可韩国语水平还是提高不上去。
ㄴ: 그럼 한국 친구를 사귀어 보지 그래요?
那就试着去交韩国朋友吧?

(5) ㄱ: 두 분이 죽마고우인가 보죠?
两位好像是发小，对吧?
ㄴ: 네, 어릴 때부터 함께 자랐어요. 어릴 때는 많이 싸우기도 했어요.
对，从小一起长大的，小时候还经常打架呢。

(6) ㄱ: 아침에는 밥을 드세요?
早餐吃米饭吗?
ㄴ: 밥을 먹기도 하고 빵을 먹기도 하고 그래요.
有时吃米饭，有时吃面包。

【연습】

1. 여러분은 '인민일보'의 기자입니다. 요즘 젊은이들이 가지고 있는 생각이나 가치관에 대해 취재를 하여 기사를 쓰려고 합니다.

(1) 젊은이들이 관심을 가질 만한 내용으로 인터뷰 주제를 선정하십시오.
(2) '-에 대해 어떻게 생각하십니까?' 혹은 '-에 대한 생각을 말씀해 주십시오' 등의 표현을 사용해 10인에게 질문을 하십시오.
(3) 인터뷰 자료를 바탕으로 하여 기사를 쓴 후 발표해 보십시오.

2. 여러분은 다음과 같은 행사를 중계방송하는 아나운서입니다. '-를 비롯해서'를 사용하여 중계방송을 해 보십시오.

(1) 여러분은 2008년 베이징 올림픽 개막식 현장에 와 있습니다. 개막식이 진행되고 있는 상황을 중계해 보십시오.
(2) 여러분은 2002년 한·일 월드컵 폐막식 현장에 와 있습니다. 이제 결승전도 끝나고 폐막식만이 남았습니다. 폐막식 준비 현장을 소개해 보십시오.

3. '-기도 하다'를 이용해 대화를 완성해 보세요.

(1) ㄱ: 담배를 안 피우시나 봐요.
ㄴ: _____.
(2) ㄱ: 휴가를 어떻게 보냈어요?
ㄴ: _____.

第17课　丝绸之路——东西文明的桥梁　실크로드——동서문명의 가교

(3) ㄱ: 보통 친구 생일에 뭘 선물해요?
　　ㄴ: _____.

(4) ㄱ: 스트레스를 어떻게 풀어요?
　　ㄴ: _____.

(5) ㄱ: 화가 날 때 어떻게 해요?
　　ㄴ: _____.

(6) ㄱ: 일요일날 보통 뭘 해요?
　　ㄴ: _____.

4. 전에는 어떤 행동을 해 보기도 했지만 지금은 그만둔 행동이 있을 겁니다. <보기>와 같이 그런 일에 대해 이야기해 보십시오.

　　<보기>
　　　저는 불면증이 심한 편입니다. 그래서 잠을 자기 위해 밤마다 고생을 합니다. 따뜻한 우유를 마시기도 하고, 숫자를 거꾸로 세보기도 했지만 효과가 없어서 그만두었습니다.

5. 실크로드가 중국과 인근 지역의 문명사에 끼친 영향을 중심으로 글을 써 보십시오.

6. 다음 문장을 한국어로 번역하십시오.

　（1）世民，请讲一下你对整容的看法。
　（2）——青青，你心情不好的时候一般做什么?
　　　 ——有时候去唱歌，有时候也去购物。
　（3）这部电影下周将在英国等很多国家上映。
　（4）中韩两国领导人将在北京就经济合作进行协商。
　（5）——由美，你是素食主义者吗?
　　　 ——不是，我偶尔也吃肉。
　（6）北京有长城等许多名胜古迹。
　（7）关于韩国，你了解得多吗? 请讲一讲你对韩国的认识。
　（8）我们公司主要生产手机等多种通讯产品。
　（9）——文洙，你下班后一般做什么?
　　　 ——有时候运动，有时候见朋友。
　（10）这是关于本次活动的介绍，请大家积极参加。

【보충단어】

개막식	(名)开幕式	개천절	(名)开天节
개최국	(名)主办国	거꾸로	(副)倒着
결승전	(名)决赛	골프장	(名)高尔夫球场
선을 보다	(词组)相亲	선정하다	(他)选定，选择
수상	(名)首相	식중독	(名)食物中毒
우선하다	(他)优先	월드컵	(名)世界杯
인터뷰	(名)采访	잇닫다	(自)接连
전기	(名)传记	죽마고우	(名)发小，童年时的好朋友
중계하다	(他)转播	중단되다	(自)中断
폐막식	(名)闭幕式	피로연	(名)婚宴，喜宴，庆祝宴会
핵	(名)核		

속담

하늘의 별 따기.

这句话的字面意思是"摘天上的星星"。

相当于汉语的"比登天还难"

"难于上青天"。

第18课 就业难与待业
취업난과 백수

(1)

왕 롱: 오늘도 문수 씨는 안 와요? 이러다 문수 씨 얼굴 까먹겠어요.

왕 단: 며칠 전에 길에서 잠시 마주쳤는데 취직 준비로 정신 없다고 하던데요.

지 영: 맞아요. 내일 모레가 문수 씨 입사 시험날이래요. 이번에는 꼭 붙어서 백수 탈출을 해야 할 텐데 걱정이에요.

왕 롱: 문수 씨처럼 외모도 괜찮고 스펙이 뛰어난 사람이 왜 자꾸 불합격 되는지 모르겠어요.

지 영: 요즘은 세계적으로 경제 불황에다 너나 할 것 없이 스펙이 좋아서 갈수록 경쟁이 더 치열해 지는 것 같아요.

왕 롱: 차라리 공무원 시험 준비를 했더라면 좋았을 텐데.

지 영: 공무원은 사람들이 선호하는 직업이잖아요. 월급은 적어도 안정적이니까요. 그래서 공무원 시험 경쟁률도 얼마나 치열한데요.

왕 롱: 그냥 학생인 채로 쭉 지낼 수 있으면 얼마나 좋을까요?

왕 단: 어휴, 못 말려. 나는 집에 가는 길에 문수 씨한테 들러 합격엿이나 줘야 겠네요.

지 영: 나도 같이 가요.

왕 롱: 나도 끼워줘요. 다 같이 가서 문수 씨에게 기를 팍팍 넣어 줍시다.

왕 단: 모처럼 좋은 생각을 했네요. 호호호…

(2)
　　경제난에 따른 취업난은 이제 전 세계적인 문제가 되었다. 1970년 들어 '한강의 기적'을 통해 기적적인 경제발전을 이룩했던 한국도 지금은 계속되는 경제 경기 침체와 낮은 취업률로 몸살을 앓고 있다. 이로 인해 이런 취업난과 관련한 신조어들도 폭발적으로 늘어났다. 취업을 못하고 지내는 남자는 '백수'라 한다. 원래 백수는 돈 한 푼 없이 빈둥거리며 놀고 먹는 사람을 의미했으나 현재는 직업이 없는 사람을 부를 때 사용한다. 또한 이십대 태반이 백수라는 의미인 '이태백'이란 말과 달리, 이십대에 스스로 퇴직을 선택한 '이퇴백'이란 단어도 등장했다. 삼십대의 절반이 실업상태라는 '삼태백', 정년퇴직이 45세를 못 넘긴다는 뜻의 '사오정' 등이 어려운 취업난을 반영한 신조어이다. 이외에도 어려운 경제상황을 반영한 'BMW족'(자가용을 포기하고 버스(Bus)나 자전거(Bicycle), 지하철(Metro), 도보(Walk)로 이동하는 사람들을 일컫는 신조어)도 확산되고 있다.

【새 단어】

까먹다（他）忘，忘记
모레（名）后天
백수（名）无业游民
경제 불황（名）经济不景气
스펙（名）履历，成绩（指找工作时需提供的学历、学分、托福成绩等综合信息）
불합격（名）不合格
너나 할 것 없이（惯用句）不分你我，不管张三还是李四
치열해 지다（自）变得激烈
공무원（名）公务员
월급（名）月薪
경쟁률（名）竞争率
못 말리다（惯用句）拿某人没办法
끼우다（他）捎带，加进
꽉꽉（副）使劲，深深
취업난（名）就业难
침체（名）停滞，低迷，衰退
몸살을 앓다（词组）累病，（比喻）折腾，受折磨
신조어（名）新词
빈둥거리다（自）闲待着，闲逛

마주치다（自）（偶然）相遇
입사（名）进公司，入职
탈출（名）摆脱，逃出

차라리（副）与其……不如，还不如，干脆
선호（名）偏爱，喜好
안정적（名）稳定
쭉（副）一直，一溜
모처럼（副）难得，好不容易
기를 넣다（词组）鼓励，打气，加油
경제난（名）经济困难
한강기적（名）汉江奇迹

폭발적（冠，名）暴发性的，火爆
태반（名）大半，过半，多半

퇴직 (名) 退休   실업상태 (名) 失业状态
정년퇴직 (名) 到年限退休   자가용 (名) 私家车
도보 (名) 徒步   일컫다 (他) 称，叫做

【기본문형】

1. -ㄹ수록

接动词或形容词词干后，相当于汉语的"越……越……"。常和"-(으)면"一起使用，用于强调其程度越来越深。

　　例如：(1) ㄱ: 한국말 공부가 어렵지 않습니까?
　　　　　　　　学习韩国语难吗？
　　　　　　ㄴ: 아니요, 공부하면 할수록 더 재미있어요.
　　　　　　　　不难，越学越有意思。
　　　　(2) ㄱ: 어제 잠도 많이 잤는데 이상하게 피곤하네요.
　　　　　　　　昨天睡了很多觉还是累。
　　　　　　ㄴ: 원래 잠은 잘수록 느는 거예요.
　　　　　　　　觉本来就是越睡越多。
　　　　(3) ㄱ: 지영씨, '갈수록 태산'이란 말이 무슨 뜻이에요?
　　　　　　　　至英，'갈수록 태산'是什么意思？
　　　　　　ㄴ: 갈수록 더 어려운 일이 생긴다는 뜻이에요.
　　　　　　　　就是说越走碰到的事情就越难。
　　　　(4) ㄱ: 한국의 도자기가 참 아름답지요?
　　　　　　　　韩国的瓷器很漂亮吧？
　　　　　　ㄴ: 네, 정말 볼수록 아름다운 것 같아요.
　　　　　　　　是的，越看越觉得漂亮。
　　　　(5) ㄱ: 홍단씨, 왕단씨는 참 좋은 사람인 것 같아요.
　　　　　　　　洪丹，王丹真是好人啊。
　　　　　　ㄴ: 정말 그래요. 사귀면 사귈수록 참 좋은 사람이에요.
　　　　　　　　不错，越接触越觉得他是个好人。
　　　　(6) ㄱ: '다다익선'이 무슨 뜻이에요?
　　　　　　　　"多多益善"是什么意思？
　　　　　　ㄴ: 많으면 많을수록 좋다는 뜻이에요.
　　　　　　　　就是越多越好的意思。

2. -었더라면

接动词或形容词词干后，表示对过去的事情进行假设。

第18课　就业难与待业 취업난과 백수

퇴직（名）退休
정년퇴직（名）到年限退休
도보（名）徒步
실업상태（名）失业状态
자가용（名）私家车
일컫다（他）称，叫做

【기본문형】

1. -ㄹ수록

接动词或形容词词干后，相当于汉语的"越……越……"。常和"-(으)면"一起使用，用于强调其程度越来越深。

例如：(1) ㄱ: 한국말 공부가 어렵지 않습니까?
学习韩国语难吗?
ㄴ: 아니요, 공부하면 할수록 더 재미있어요.
不难，越学越有意思。
(2) ㄱ: 어제 잠도 많이 잤는데 이상하게 피곤하네요.
昨天睡了很多觉还是累。
ㄴ: 원래 잠은 잘수록 느는 거예요.
觉本来就是越睡越多。
(3) ㄱ: 지영씨, '갈수록 태산'이란 말이 무슨 뜻이에요?
至英，'갈수록 태산'是什么意思?
ㄴ: 갈수록 더 어려운 일이 생긴다는 뜻이에요.
就是说越走碰到的事情就越难。
(4) ㄱ: 한국의 도자기가 참 아름답지요?
韩国的瓷器很漂亮吧?
ㄴ: 네, 정말 볼수록 아름다운 것 같아요.
是的，越看越觉得漂亮。
(5) ㄱ: 홍단씨, 왕단씨는 참 좋은 사람인 것 같아요.
洪丹，王丹真是好人啊。
ㄴ: 정말 그래요. 사귀면 사귈수록 참 좋은 사람이에요.
不错，越接触越觉得他是个好人。
(6) ㄱ: '다다익선'이 무슨 뜻이에요?
"多多益善"是什么意思?
ㄴ: 많으면 많을수록 좋다는 뜻이에요.
就是越多越好的意思。

2. -었더라면

接动词或形容词词干后，表示对过去的事情进行假设。

例如：(1) ㄱ: 극장표가 벌써 다 매진됐대요.
　　　　　　听说剧场的票已经卖光了。
　　　　ㄴ: 미리 예매했더라면 좋았을 텐데요.
　　　　　　要是事先预定就好了。
　　(2) ㄱ: 오늘 또 지각하겠어요.
　　　　　　今天又要迟到了。
　　　　ㄴ: 조금 일찍 출발했더라면 좋았을텐데요.
　　　　　　要是稍早一点出发就好了。
　　(3) ㄱ: 길이 많이 막히네요. 약속시간에 늦겠어요.
　　　　　　路堵得很厉害，赶不上约会时间了。
　　　　ㄴ: 차를 끌고 오지 말고 지하철을 탔더라면 벌써 도착했을 거예요.
　　　　　　要是不坐车坐地铁的话可能已经到了。
　　(4) ㄱ: 그런 일을 왜 말하지 않았어요? 제가 알았더라면 도와 드렸을텐데요.
　　　　　　为什么不说那件事？我要是知道早就帮忙了。
　　　　ㄴ: 미안해요. 걱정시키고 싶지 않았어요.
　　　　　　对不起，不想让你担心。
　　(5) ㄱ: 산 속이라서 그런지 꽤 춥네요.
　　　　　　可能因为是山里，很冷。
　　　　ㄴ: 두꺼운 잠바를 가져왔더라면 좋았을 걸 그랬어요.
　　　　　　要是把厚夹克带来就好了。
　　(6) ㄱ: 장마철이라서 그런지 야채값이 아주 비싸요.
　　　　　　也许因为是雨季，菜价很贵。
　　　　ㄴ: 미리 김치를 담갔더라면 좋았을 텐데요.
　　　　　　要是事先腌了泡菜就好了。

3. -ㄴ 채(로)

接动词词干后，表示在某种状态下进行某个动作。

例如：(1) ㄱ: 많이 피곤해 보여요.
　　　　　　你看起来很疲劳。
　　　　ㄴ: 봄이라서 그런지 좀 피곤하네요. 오늘도 버스에서 선 채로 졸았어요.
　　　　　　也许因为是春天，有点累，今天在公共汽车里站着就打盹儿了。
　　(2) ㄱ: 문수씨, 안경을 낀 채 목욕을 해요?
　　　　　　文洙，你戴着眼镜洗澡吗？
　　　　ㄴ: 전 눈이 너무 나빠서 안경을 안 끼면 하나도 안 보여요.
　　　　　　我的视力太差，如果不戴眼镜就什么都看不见。

(3) ㄱ: '산낙지'가 뭡니까?
　　　　"生鱿鱼"是什么?
　　ㄴ: 말 그대로 낙지를 산 채로 먹는 거예요. 얼마나 맛이 있다고요.
　　　　顾名思义就是生吃鱿鱼, 不知道有多好吃呢。
(4) ㄱ: 어제 하도 더워서 선풍기를 틀어 놓은 채 잤더니 얼굴이 통통 부었어요.
　　　　昨天实在太热, 开着风扇睡了, 结果脸肿得老高。
　　ㄴ: 선풍기를 틀어 놓고 자는 것이 얼마나 위험한데요. 조심하세요.
　　　　开着电风扇睡觉多危险呀, 请小心。
(5) ㄱ: 문을 열어놓은 채로 나온 것 같아요.
　　　　好像开着门出来了。
　　ㄴ: 걱정마세요. 내가 확인해 보고 나왔어요.
　　　　别担心, 我检查后出来的。
(6) ㄱ: 어제는 너무 피곤해서 집에 돌아가서 세수도 안 한 채 그냥 잤어요.
　　　　昨天太累了, 回家后也没洗漱就睡了。
　　ㄴ: 나도 옷을 입은 채 그냥 잤어요.
　　　　我也穿着衣服睡的。

2. -는 길에

一般接 "가다, 오다" 等动词词干后, 表示 "在去（或来）的途中……"。

(1) ㄱ: 어디에 가요?
　　　　去哪儿?
　　ㄴ: 집에 가는 길이에요.
　　　　回家。
(2) ㄱ: 웬 꽃이에요?
　　　　哪儿来的花?
　　ㄴ: 집에 오는 길에 하도 예뻐서 좀 샀어요.
　　　　在回家的路上, 看到这花太漂亮了, 就买下了。
(3) ㄱ: 학교가는 길에 택배 좀 찾아 줄래요?
　　　　去学校的途中帮我寄下这封信好吗?
　　ㄴ: 네, 이리 주세요.
　　　　好的, 给我吧。
(4) ㄱ: 이번 휴가는 어디로 갈까요?
　　　　这次休假去哪儿好呢?
　　ㄴ: 설악산 어때요? 설악산에서 돌아오는 길에 동해안에도 들릅시다.
　　　　雪岳山怎么样? 回来的路上再顺便去一下东海岸。

(5) ㄱ: 백화점가는 길에 반찬거리도 좀 같이 사오세요.
　　　去百货商店顺便买点菜。
　　ㄴ: 알겠어요.
　　　知道了。
(6) ㄱ: 퇴근하는 길에 세탁소에 들러서 옷 좀 찾아다 주세요.
　　　下班路上顺便去洗衣店帮我把衣服拿回来。
　　ㄴ: 무슨 옷인데요?
　　　什么衣服?

【연습】

1. '-면 -ㄹ수록'을 사용해서 다음 문장을 완성해 보십시오.

(1) 친구는 _____.
(2) 공부는 _____.
(3) 술은 _____.
(4) 일은 _____.
(5) 여자는 _____.
(6) 돈은 _____.

2. 다음 문장을 완성해 보십시오.

(1) 나이를 먹을수록 _____.
(2) 날씨가 추워질수록 _____.
(3) 근심이 클수록 _____.
(4) 아는 것이 많을수록 _____.
(5) 머리가 좋은 사람일수록 _____.
(6) 욕심이 많을수록 _____.

3. '-았/었더라면'을 사용해서 다음 대화를 완성해 보십시오.

(1) ㄱ: 이번에도 또 면접 시험에서 탈락을 했는데 어떻게 하지요?
　　ㄴ: _____.
(2) ㄱ: 감기 몸살때문에 회사까지 결근했어요.
　　ㄴ: _____.
(3) ㄱ: 그 회사가 부도났다면서요?
　　ㄴ: _____.
(4) ㄱ: 민호씨가 과로로 쓰러졌다면서요?
　　ㄴ: _____.

第18课 就业难与待业 취업난과 백수

(5) ㄱ: 이번 학기에 두 과목이나 낙제점을 받았어요.
　　ㄴ:_____.
(6) ㄱ: 영민씨가 음주운전을 하다가 경찰 단속에 걸렸대요.
　　ㄴ:_____.

4. '-ㄴ 채'를 이용해서 문장을 완성하세요.

(1) 한국에서 집을 방문할 때는 신발을 벗으세요. (　　　) 실례입니다.
(2) 동생이 무척 피곤했나 봐요. (　　　　　　).
(3) 외출할 때는 언제나 수도와 가스를 꼭 잠그도록 하십시오._____.
(4) 어서 젖은 옷을 벗으세요._____.있으면 감기 들어요.
(5) 지난 번에 빌린 책을 미처 반납하지 _____.집에 돌아왔어요.
(6) 아이들은 더웠는지_____.바닷가로 달려갑니다.

5. <보기> 처럼 '-는 길에'를 이용해서 이야기해 보십시오.

　　例如: (집 / 영화)
　　　　→집에 오는 길에 영화를 한 편 봤어요.
　　　(1) 학교/문구점
　　　　→
　　　(2) 은행/옷
　　　　→
　　　(3) 친구집/선물
　　　　→
　　　(4) 집/과일
　　　　→
　　　(5) 부모님/식사
　　　　→
　　　(6) 시장/꽃가게
　　→

6. 21세기 들어 다양한 직종들이 생겨나고 있습니다. 아래 표에는 최근 여러 기관을 통해 발표가 된 미래 유망 직종이 적혀 있습니다. 왜 이런 직종들이 환영을 받는지 그 이유를 생각해서 적어보세요.

직업의 종류	하는 일	유망한 이유
항공정비사		
농,수산물 품질관리사		

직업의 종류	하는 일	유망한 이유
의료관광전문가		
심리치료전문가		
실버헬스케어전문가		

7. 다음 글을 읽고 질문에 대답해 보십시오.

　　옛날에 우산 장사와 짚신 장사를 하는 두 아들을 둔 어머니가 있었다. 이 어머니는 비가 오면 짚신 장사를 하는 아들을 걱정하고, 날이 좋으면 우산 장사를 하는 아들을 걱정하느라고 늘 전전긍긍했다.
　　비가 오는 어느날이었다. "오늘도 비가 오니 짚신 장사를 하는 우리 아들이 또 공치겠구나."하고 걱정하는 어머니를 보고 옆에 있던 친구가 말했다. "자네는 걱정도 팔자야. 비가 오면 우산 장사하는 아들이 돈을 벌어서 좋고, 날이 좋으면 짚신 장사하는 아들이 돈을 벌어서 좋다고 생각해 봐. 걱정할 일이 뭐가 있겠어? 뭐든지 긍정적으로 바꿔봐."
　　친구로부터 충고를 들은 어머니는 그때부터 늘 걱정없이 즐겁게 살아갈 수 있게 되었다.

(1) 어머니는 왜 걱정이 끊일 날이 없었습니까?
(2) 어머니는 어떤 성격의 소유자인 것 같습니까?
(3) 어머니의 친구는 걱정 많은 어머니에게 뭐라고 충고해 주었습니까?
(4) 어머니는 어떻게 해서 걱정없이 즐겁게 살아갈 수 있게 되었습니까?
(5) 이 이야기가 주는 교훈은 무엇입니까?

8. 다음 문장을 한국어로 번역하십시오.

(1) 他开着电视睡着了。
(2) 缺点越少越好, 优点越多越好。
(3) 听说文秀最近生病了, 你从公司回来的路上, 去看看他吧。
(4) 如果之前再努力一点的话, 可能就能拿到奖了。
(5) 今天我在去百货商店的路上, 遇到了十年未见的中学同学。
(6) 越是困难的时候, 越要坚持到底。
(7) 听说那个演员在去拍戏的路上, 遇到了交通事故。
(8) 这本书越看越有意思。
(9) ——金教授好像不在家啊。
　　 ——要是来之前事先打个电话就好了。

第18课　就业难与待业 취업난과 백수

（10）世民一直低着头说话，好像犯了什么错误似的。

【보충단어】

다다익선（名）多多益善	잠바（名）夹克
산낙지（名）活章鱼	하도 –서（惯用形）太……所以
택배（名）送货，快递	지리산（名）智异山
동해안（名）东海岸	반찬거리（名）做菜的原材料
세탁소（名）洗衣店	근심（名）担心，忧虑，操心
면접（名）面试	탈락（名）淘汰
결근（名）缺勤	부도（名）倒闭
과로（名）过劳	낙제점（名）不及格
음주운전（名）酒后驾车	단속（名）管制，查处
걸리다（自）被发觉，被抓住	수도（名）自来水，上、下水道
가스（名）燃气，煤气	젖다（形）湿的
반납（名）还给，返还	직종（名）职业，职务，工种
유망（名）有希望，有前途	항공정비사（名）航空机械师
농수산물（名）农产品与水产品	품질관리사（名）品质管理师
의료관광전문가（名）度假医疗专家	심리치료（名）心理治疗
실버（名）银色，银发，老年	헬스케어（名）健康管理，保健
짚신（名）草鞋	전전긍긍（名）战战兢兢，如履薄冰
공치다（自，他）落空，泡汤	
걱정도 팔자（惯用句）庸人自扰，杞人忧天	
긍정적（冠，名）肯定的，正面的，积极的	충고（名）忠告
소유자（名）所有者，持有人，拥有的人	교훈（名）教训

159

속담

공든 탑이 무너지랴.

这句话的字面意思是"下功夫搭起的塔怎么会倒呢?"相当于汉语的"功夫不负苦心人""只要功夫深,铁杵磨成针"。

第 19 课 兴夫与游夫
흥부와 놀부

(1)

옛날 어느 마을에 흥부와 놀부라는 형제가 살고 있었다. 동생 흥부는 마음씨가 곱고 착한 사람이었으나, 형 놀부는 마음씨가 고약하고 욕심이 많은 사람이었다. 아버지는 돌아가시면서 형제에게 재산을 나눠 주었는데, 놀부는 흥부가 물려받은 재산을 모두 빼앗고 집에서 내쫓아 버렸다. 그러나 마음씨 착한 흥부는 빈손으로 쫓겨나면서도 형을 미워하지 않았다.

(2)

계속된 가뭄으로 흉년이 들어 살기가 너무 어려웠다. 겨울이 되자 들에서 먹을 것을 구할 수 없었던 흥부네 가족은 거의 굶다시피 하였다. 자식들이 굶는 것을 보다 못한 흥부는 자식들을 이끌고 형의 집을 찾아가 형수에게 먹을 것을 달라고 했다. 그러나 놀부와 놀부 마누라는 화를 내며 흥부를 쫓아냈다.

(3)

고생스럽던 겨울도 끝나고 어느덧 따뜻한 봄이 되었다. 부지런한 흥부는 열심히 일을 하기 시작했고, 흥부네 집에는 제비 한 쌍이 날아와 처마 밑에 집을 짓기 시작했다. 제비들은 여기에서 알을 낳고 새끼를 길렀다.

어느 날 일을 하러 밭에 나가던 흥부는 제비집을 보고 깜짝 놀랐다. 큰 구렁이 한 마리가 혀를 날름거리며 제비 새끼들을 잡아먹으려고 하고 있었던 것이다. 깜짝 놀란 흥부는 들고 있던 지게 작대기로 구렁이를 쫓아 버렸지만, 제비 새끼 한 마리가 그만 땅으로 떨어져 다리가 부러지고 말았다. 흥부는 부러진 제비 다리에 약을 바르고, 헝겊으로 매 주었다.

(4)
　어느덧 봄, 여름이 지나고 가을이 되었다. 흥부네 집에 살던 제비 가족은 흥부 가족에게 작별 인사라도 하듯 마당을 한 바퀴 빙 돈 다음 남쪽 나라로 날아가 버렸다. 그해 겨울에도 흥부네 가족은 먹을 것이 부족해 고생을 했다.
　다음 해 봄이 되어 새싹이 돋고 진달래꽃이 필 무렵, 지난해 왔던 제비 가족이 다시 흥부네 집을 찾아왔다. 제비 가족은 흥부에게 반갑게 인사를 한 후 흥부의 앞에 입에 물고 온 것을 떨어뜨렸다. 그것은 박씨였다. 흥부는 고마워하며 제비가 물어다 준 박씨를 담 밑에 심었다.

(5)
　시간이 쏜살같이 흘러 어느덧 추석이 되었다. 흥부네 집 지붕 위에는 보름달같이 둥근 박이 주렁주렁 열렸다. 이웃집에서 추석 음식을 만드는 냄새가 담을 타고 솔솔 넘어왔다. 그러나 추석 음식을 만들어 먹을 형편이 못 되는 흥부네 가족은 박을 따서 먹기로 했다.
　"톱질하세, 톱질하세, 슬근슬근 톱질하세."
　흥부네 가족은 흥겹게 노래를 부르며 박을 타기 시작했다. 드디어 첫 번째 박이 갈라졌다. 그런데 박 속에서 나온 것은 뜻밖에도 금은보화였다.
　"아니, 이럴 수가."
　흥부네 가족은 너무 놀라 자기 눈을 의심했다. 그러나 그것은 분명히 금은보화였다. 두 번째 박을 타자 여기서는 금돈, 은돈이 쏟아져 나왔다. 세 번째, 네 번째 박에서도 금은보화가 쏟아져 나왔다. 그날로 흥부는 큰 부자가 되었다. 마음씨 착한 흥부에게 하늘이 큰 상을 내린 것이다.

(6)

흥부가 부자가 되었다는 소문이 삽시간에 퍼져 놀부의 귀에도 이 이야기가 들어갔다.
"아니, 그 거렁뱅이 녀석이 나보다 더 부자가 되었다고? 분명 도둑질을 했을 거야. 내가 이 녀석을 당장…"
머리끝까지 화가 난 놀부는 흥부의 집을 찾아갔는데, 흥부의 집은 놀부가 생각했던 것보다 훨씬 훌륭했다.
멀리서 놀부가 오는 것을 본 흥부는 버선발로 달려나와 놀부를 맞이했다.
"형님, 어서 오십시오. 이게 얼마만입니까?"
착한 흥부는 놀부를 반갑게 맞이하고 상다리가 휘어지게 음식을 장만해 놀부를 대접했다. 그리고 자기가 부자가 된 경위를 설명해 주었다.

(7)

집에 돌아온 놀부는 흥부가 부자가 된 것이 배가 아파 견딜 수가 없었다. 그날부터 놀부는 처마 밑에 앉아 제비가 땅에 떨어지기만을 기다렸다. 그러나 아무리 기다려도 제비가 떨어지지 않자 놀부는 일부러 제비 다리를 부러뜨린 후 치료해 주었다.
"너 이 은혜를 꼭 갚아야 한다."
가을이 깊어 제비가 돌아갈 때가 되자 놀부가 제비에게 말했다.
"네가 다리를 다쳐서 죽을 뻔했는데 내가 치료해 주었지? 그러니까 내년 봄에 올 때는 박씨를 꼭 가져와야 된다."

(8)

이듬해 봄, 제비는 놀부가 그토록 기다리던 박씨를 물고 와 놀부 앞에 떨어뜨렸다. 놀부와 놀부 마누라는 기뻐하며 박씨를 담 밑에 심고 박이 자라기를 손꼽아 기다렸다. 여름이 지나자 놀부네 집 담 위에도 보름달같이 커다란 박이 여덟 개나 달렸다. 놀부와 그의 아내는 이제 곧 큰 부자가 될 거라는 꿈을 꾸며 톱을 마주 잡고 박을 타기 시작했다.
"금덩어리, 은덩어리 많이 많이 나와서 세상에서 제일 부자가 되었으면."
그런데 박이 갈라지면서 벼락치는 소리와 함께 연기가 났다.
"금이야? 은이야?"
그러나 안에서 나온 것은 뜻밖에도 금이 아니라 몽둥이를 든 도깨비들이었다.
"네 이놈 놀부야, 불쌍한 제비 다리를 일부러 부러뜨린 벌을 받아라."
도깨비의 무서운 모습에 놀란 놀부는 벌벌 떨며 기어들어가는 목소리로 말했다.
"일부러 부러뜨리기는요. 부러진 다리를 제가 고쳐 줬는데요."
놀부의 거짓말을 들은 도깨비들은 들고 있던 몽둥이로 놀부를 마구 때렸다.
"아이고, 이놈들이 사람 잡는다."
놀부는 조금도 자신의 죄를 뉘우치거나 반성하지 않았다.

첫 번째 박에서 나온 도깨비들이 사라지자 놀부는 다음 박에서는 금은보화가 나올 것을 기대하면서 두 번째 박을 탔다. 그러나 두 번째 박에서도 세 번째 박에서도 금은보화는 나오지 않고 계속해서 도깨비들만 나와 놀부의 집을 모두 부수고 집에 있던 물건들을 몽땅 가지고 사라졌다.

(9)
이제 놀부는 돈 한 푼 없는 거지가 되었다. 그러나 면목이 없어 동생을 찾아가지도 못하고 있었다. 놀부가 망했다는 소문을 들은 흥부가 놀라 놀부를 찾아왔다.
"아니, 형님. 이게 웬일이십니까? 저희 집에 가서 함께 사세요."
"흥부야, 미안하다. 내가 잘못했다."
"잘못하시다니요? 앞으로는 아무 걱정하지 말고 저희 집에서 함께 사십시오."
흥부의 착한 마음씨에 감동한 놀부는 그동안의 잘못을 뉘우치고 흥부와 함께 오래도록 우애 좋게 살았다.

【새 단어】

우애 좋다 (词组) 友爱，友好
면목이 없다 (词组) 无颜，没脸，没面子
몽땅 (副) 全部
벌벌 떨다 (词组) 哆哆嗦嗦
벼락치다 (词组) 闪电般地
상다리가 휘어지다 (词组) 桌腿被压弯（表示准备的饭菜丰盛）
버선발 (名) 只穿布袜子（不穿鞋）
삽시간에 (副) 霎时间
쏜살같이 (副) 箭也似的，飞快
혀를 날름거리다 (词组) 舌头一伸一伸的
마누라 (名) 妻子
지게 (名) 背架
물려받다 (自) 继承
들 (名) 田野
갈라지다 (自) 分开
고약하다 (形)（味道，气味，性格）非常坏
곱다 (形) 漂亮，美丽
금덩어리 (名) 金块
내쫓다 (他) 赶走，驱逐
담 (名) 墙

감동하다 (自) 感动
뉘우치다 (他) 后悔，悔悟
사라지다 (自) 消失
기어들어가다 (自) 爬进去
그토록 (副) 那样地（表示程度）

흥겹다 (形) 兴致勃勃
작대기 (名) 长竿

이끌다 (他) 拉，带领
형수 (名) 嫂子
그만 (副) 到此为止
은혜를 갚다 (词组) 报答恩惠
거지 (名) 乞丐

구렁이 (名) 蟒，（喻）阴险的人
금은보화 (名) 金银财宝
달리다 (自) 跑
대접하다 (他) 接待，招待

第19课 兴夫与游夫 흥부와 놀부

도깨비 (名) 鬼, 鬼怪
마음씨 (名) 心眼儿
몽둥이 (名) 棒子, 棍棒
물다 (他) 叼, 衔
박씨 (名) 瓜子
부러뜨리다 (他) 折断
새싹이 돋다 (词组) 长出新芽
심다 (他) 种, 植
아깝다 (形) 可惜
작별 인사 (名) 道别
주렁주렁 (副) (果实) 累累貌
박을 타다 (词组) 锯开, 打开
톱질하다 (自) 拉锯

때리다 (他) 打
목숨 (名) 生命
무렵 (名) 时候
물려주다 (他) 传给 (财产)
벌을 받다 (词组) 受罚
빙 (副) 旋转貌
슬근슬근 (副) 不慌不忙
쌍 (名) 双, 对
어느덧 (副) 不知不觉中
제비 (名) 燕子
처마 (名) 屋檐
톱 (名) 锯
헝겊 (名) 布条

【연습】

1. 흥부와 놀부의 이야기를 바탕으로 다음 질문에 대답하십시오.

   (1) 흥부는 왜 가난하게 살았습니까?
   (2) 놀부는 고생하는 동생을 도와 주었습니까?
   (3) 제비는 왜 흥부에게 박씨를 가져다 주었습니까?
   (4) 흥부는 어떻게 해서 부자가 되었습니까?
   (5) 흥부가 부자가 되었다는 소식을 들은 놀부는 어떻게 했습니까?
   (6) 놀부는 다리를 다친 제비를 치료해 주었습니까?
   (7) 놀부는 왜 가난해졌습니까?
   (8) 놀부가 망했다는 소식을 들은 흥부는 어떻게 하였습니까?

2. 흥부와 놀부 이야기를 해 보십시오.

3. 중국의 유명한 전래 설화나 이야기를 써서 발표해 보십시오.

속담

칼로 물 베기.

这句话的字面意思是"抽刀断水"。

比喻打架不记仇。

第20课 环境问题
환경 문제

(1)
- **미 정:** 잠깐 슈퍼에 들러 생수 한 병 사 가지고 가자.
- **지 영:** 그래. 몇 년 전까지만 해도 물을 사 먹는 것이 남의 나라 얘긴 줄 알았는데 말이야. 이제는 정수된 물이 아니면 도저히 마실 수가 없게 되어버렸어.
- **미 정:** 글쎄 말이야. 이러다가는 아마 공기까지도 사 마셔야 되는 날이 올 것 같아.
- **지 영:** 그래도 전 세계적으로 환경 보호 운동이 본격적으로 이루어져서 그나마 다행이야. 요즘은 자동차 매연이 너무 심해서 시내에서는 걸어 다니기도 힘들 정도잖아. 밖에 나갔다 오면 하루만 입은 옷인데도 옷깃에 온통 까맣게 때가 묻어 있고 말이야.
- **미 정:** 그래, 맞아. 자동차 매연이 가장 심각한 대기 오염원인 것 같아. 오늘은 날씨가 흐려서인지 스모그 현상이 더 심한 것 같지 않니? 저것 좀 봐. 얼마 떨어지지 않은 건물도 온통 뿌옇게 보이잖아.
- **지 영:** 맞아. 길도 막히고, 매연도 늘고……. 자동차 산업이 발달하는 것도 좋지만, 환경오염을 막기 위해 다양한 노력을 해야 할 것 같아.
- **미 정:** 뉴스에서 보니까 공해 때문에 호흡기 질환 환자들이 부쩍 늘었다고 하던데.
- **지 영:** 그러니까 말이야. 우리 모두 환경을 보호하지 않으면 언젠가는 방독면을 쓰고 다닐 날이 올 것 같아.
- **미 정:** 어휴. 생각만 해도 끔찍하다. '환경은 후손들로부터 빌려온 것'이라는 말도 있잖아. 정말 환경을 아끼고 보호하려는 노력을 해야겠어.

(2)

　과학의 발달과 함께 인간의 생활은 편리해졌다. 하지만 인간은 그 대가를 혹독하게 치르고 있다. 수질과 대기의 오염을 비롯하여 각종 공해 문제와 그로 인한 환경 파괴가 그것이다. 실제 공해 때문에 지구를 둘러싸고 있는 오존층이 파괴되고, 많은 동식물들이 멸종되어 가고 있다고 한다.

　오존은 산소가 뭉쳐져서 만들어진 것으로 살균 효과와 자외선을 막는 기능을 한다. 또한 대기 속에 떠 있는 이산화탄소 등의 오염 물질은 일종의 막을 형성하게 되고, 이 막은 지구가 태양열을 반사하는 것을 막는다. 이 오존층이 파괴되고, 반대로 오염 막이 두꺼워지면 결국 지구는 온실처럼 점점 더워지게 된다. 이러한 상황이 반복되면 지구는 점차 악순환의 고리에서 벗어나지 못하게 되어 이상 기온이나 해일 등 심각한 자연 재해를 불러온다.

　그래서 요즘 세계 각국에서는 환경 보호를 위한 다양한 방법을 실시하고 있다. 한국에서도 오래 전부터 쓰레기 분리수거와 자원 재활용을 본격적으로 실시하여 이제는 거의 정착 단계에 이르렀다.

　자원이 풍부해지면서 사람들은 한 번 쓰고 버리는 일회용품을 많이 사용하기 시작하였다. 이러한 일회용품의 사용은 자원의 낭비뿐만 아니라 많은 양의 쓰레기를 발생시키는 결과를 가져왔다. 특히 비닐이나 플라스틱류의 쓰레기는 시간이 지나도 썩지 않아 지구를 더욱 병들게 만들고 있다. 쓰레기가 완전히 분해되는 데에는 우유 곽이 5년, 비닐봉지가 10~12년, 이쑤시개가 20년, 나무 젓가락이 20년, 일회용 컵이 20년 이상, 플라스틱 용기가 50~80년이 걸린다고 한다.

　환경 파괴로 인한 피해는 결국 인간에게 돌아온다는 사실을 분명히 인식해야 한다. 우리 모두 '나 하나쯤이야'하는 생각을 버리고, 환경 보호를 위한 작은 일부터 실천해야겠다.

【새 단어】

고리 (名) 环, 环节
-까지만 해도 (惯用型) 表示 "就连……还……"
끔찍하다 (形) 惊人, 恶劣
-다가는 (词尾) 表示警戒
-데 (词尾) 回忆叙述式终结形词尾
-류 (名) 类
멸종되다 (自) 灭种
방독면 (名) 防毒面具
본격적 (名) 正式, 真正, 正规
비닐 (名) 塑料

곽 (名) 盒子
-나마 (词尾) 表示 "退一步说"
대기 오염 (名) 大气污染
때 (名) 污, 污垢
매연 (名) 废气, 烟雾
반사하다 (自, 他) 反射
병들다 (自) 生病, 得病
분리수거 (名) 分类收集
뿌옇다 (形) 灰蒙蒙, 白茫茫

第20课　环境问题　환경 문제

살균 (名) 杀菌
수질 오염 (名) 水质污染
스모그 (名) 白雾，烟雾，(大气污染引起的) 烟云
악순환 (名) 恶性循环
온통 (副) 整个，全部，完全
이산화탄소 (名) 二氧化碳
일환 (名) 一个部分
자외선 (名) 紫外线
치르다 (他) 支付，付出
플라스틱 (名) 塑料
호흡기 질환 (名) 呼吸系统疾病

생수 (名) 泉水；矿泉水
오존층 (名) 臭氧层
옷깃 (名) 衣领
이쑤시개 (名) 牙签
일회용품 (名) 一次性用品
재활용 (名) 再利用
해일 (名) 海啸
혹독하다 (形) 严酷，残酷，严厉

【기본문형】

1. -(까지)만 해도

"-(까지)만 해도"接表示"不久以前"的体词或短语后，表示那时与现在不同，强调时间不算长。即使是在一般来看比较久远的时间。

(1) ㄱ: 눈이 그쳤네요.
　　　雪停了。
　　ㄴ: 조금 전까지만 해도 눈이 펑펑 쏟아지더니 언제 그쳤어요?
　　　刚才还大雪纷飞，什么时候停的？
(2) ㄱ: 아기가 좀 어때요?
　　　孩子怎么样了？
　　ㄴ: 어제까지만 해도 열이 심해서 병원에 입원시킬까 생각했어요.
　　　昨天还烧得很厉害，想送医院来着。
(3) ㄱ: 성미 씨 어디 갔어요?
　　　圣美去哪儿了？
　　ㄴ: 5분 전까지만 해도 여기 있었는데, 어디 갔지요?
　　　五分钟之前还在这儿呢，到哪儿去了呢？
(4) ㄱ: 거리 모습이 많이 바뀌었지요?
　　　街道的面貌变化很大吧？
　　ㄴ: 그렇네요. 몇 년 전까지만 해도 여기에 이런 건물들이 없었는데요.
　　　是啊，几年前这里还没有这些建筑物呢。
(5) ㄱ: 지난번에 만났을 때만 해도 이렇게 마르지 않았는데, 그동안 무슨 일이 있었어요?
　　　上次见你的时候还没这么瘦呢，发生什么事儿了吗？

169

ㄴ: 네, 좀 아팠어요.
　　是的，生病了。
(6) ㄱ: 요즘은 컴퓨터 없는 집이 없지요?
　　如今家家都有电脑了吧?
ㄴ: 십 년 전만 해도 컴퓨터가 이렇게 널리 보급되지는 않았는데요.
　　10年前电脑还没有这么普及呢。

2. -다가는

接动词或形容词后，表示一个行动或状态如果继续进行或保持，那么就会出现某种不好的结果。

　　* 그렇게 공부를 열심히 하다가는 시험에 붙겠다. (×)

(1) 그렇게 공부를 안 하다가는 시험에 떨어진다.
　　这样不学习的话，考试会不及格的。
(2) 그렇게 마셔 대다가는 필름 끊어지겠다.
　　那么没命地喝会神智不清的。
(3) 어두운 데서 공부하다가는 눈 나빠져요.
　　在光线暗的地方学习会伤害眼睛的。
(4) 오늘 날씨 추워요. 그런 옷차림으로 밖에 나갔다가는 감기 걸려요.
　　今天天气冷，穿这样的衣服去外边会感冒的。
(5) 어른한테 그런 식으로 말했다가는 큰코다쳐요.
　　在大人面前那么说话要碰一鼻子灰的。
(6) 날씨가 며칠 더 이렇게 춥다가는 얼어죽는 사람이 많이 생기겠다.
　　天气再这么冷上几天会有很多人被冻死。

3. -나마

接名词后，表示让步。与"-라도"意义相近。
(1) 며칠 전에 교통사고를 당했어요. 크게 다치지 않아서 그나마 다행이에요.
　　前几天遇到了一次交通事故，伤不重，还算幸运。
(2) 어젯밤 가스 폭발 사고가 모두들 퇴근한 후 일어난 게 그나마 다행이에요.
　　昨晚的煤气爆炸事故发生在大家都下班之后，真万幸。
(3) 도와줄 사람이 아무도 없대요. 우리나마 가서 도와 줍시다.
　　说是没有人帮他，我们去帮他一下吧。
(4) 집에 늦게 들어올 때는 전화나마 해 주면 좋을텐데.
　　回家晚的时候打个电话来也好啊。

(5) 그 사람 사업을 하다가 망해서 재산을 다 날렸대요. 그래도 집이나마 남아서 다행이에요.

那个人做生意失败，把财产都赔上了，能留下房子也算是幸运吧。

(6) 김 사장네가 망해서 알거지가 됐다고 들었는데 밥이나마 먹고 사는지 모르겠어요.

听说金老板他们生意失败后成了穷光蛋，不知还能否吃得上饭。

4. -데(요)

"-데(요)"在谈及自己听说过或亲身经历过的关于其他人或事物的动作或状态时使用。与"-던데요"用法相近。

(1) ㄱ: 선영 씨 집에 몇 번씩이나 전화를 해 봤는데 전화를 안 받데요.

给善英家打了好几次电话，都没人接。

ㄴ: 어디 여행 갔나 봐요. 나도 며칠 전부터 전화했는데 안 받더라고요.

好像是去哪儿旅行了，我也是前几天开始打电话，一直没有人接。

(2) ㄱ: 요즘 과일값이 많이 내렸죠?

最近水果便宜不少吧？

ㄴ: 네, 오래간만에 시장에 가 봤더니 과일값이 많이 떨어졌데요.

是的，好久没去市场了，去了一看水果价格降了很多。

(3) ㄱ: 빈 맥주병을 슈퍼에 갖다 줬더니 50원을 주데요.

我把空啤酒瓶送到小商店，还得了50韩元。

ㄴ: 그래요? 우리 집에도 몇 개 있는데 슈퍼에 가져가야겠네요.

是吗？我家也有几个瓶子，也该送到小商店退掉。

(4) ㄱ: 집에 웬 가루비누가 이렇게 많아?

家里怎么有这么多洗衣粉？

ㄴ: 집들이하는 날 사람들이 가루비누를 사가지고 왔데.

办乔迁宴时大家买来的。

(5) ㄱ: 음식이 많이 남았네요.

剩下这么多菜啊。

ㄴ: 사람들이 잘 안 먹데요.

大家都没怎么吃。

(6) ㄱ: 어제 수정이를 못 만났다면서?

听说你昨天没有见到秀贞？

ㄴ: 응, 30분 기다려도 안 오데, 그래서 그냥 왔어.

嗯，等了30分钟不见她来，我就直接来了。

【연습】

1. 요즘은 멀지 않은 과거와 상당히 달라졌습니다. '-까지만 해도'를 이용하여 과거에는 어땠는지 설명해 보십시오.

(1) 요즘은 전자제품을 많이 이용하여 집안일을 하기가 쉽습니다.
(2) 저는 요즘 몸이 무척 건강해졌습니다.
(3) 요즘 상하이의 도심이 무척 번화합니다.
(4) 요즘은 베이징 서울 간 항공편이 매일 운항되고 있습니다.
(5) 요즘은 젊은이들의 옷차림이 자유롭고 개방적입니다.
(6) 요즘은 수질오염이 심해서 물을 사 먹어야 할 지경입니다.

2. 여러분은 어떤 사람의 행동을 보고, 계속 그렇게 하면 나쁜 결과가 생길 것이라고 생각합니다. '-다가는'을 이용하여 <보기>와 같이 충고해 보세요.

<보기>
텔레비전을 아주 가까이서 보는 아이에게
→ 텔레비전을 그렇게 가까이서 보다가는 눈을 버려. 좀 떨어져서 봐.

(1) 무단횡단을 하는 사람에게
→ _____
(2) 공부는 하지 않고 놀기만 하는 친구에게
→ _____
(3) 돈을 물쓰듯이 쓰는 친구에게
→ _____
(4) 매일 밤 술을 마시는 후배에게
→ _____
(5) 쓰레기를 함부로 버리는 사람에게
→ _____
(6) 한 달째 소화가 안 돼 음식을 먹을 수 없는데도 병원에 가지 않는 사람에게
→ _____

3. 다음과 같은 불행한 일이 있었습니다. 그러나 여러분은 불행 중 다행이라고 생각합니다. '-나마'를 이용하여 <보기>와 같이 표현해 보십시오.

<보기>
고속도로에서 고속버스끼리 정면충돌하는 사고가 벌어졌습니다. 보통 이

第20课　环境问题 환경 문제

런 사고 때는 죽는 사람이 많은데, 다행히 1명이 죽고 14명이 다쳤습니다.
→ 사망자가 적어서 그나마 다행입니다.

(1) 아파트에 불이 났습니다. 다행히 사람이 다치지 않았습니다.
→ _____

(2) 한밤중에 시장 안에서 불이 났습니다. 사람들이 없을 때라서 물건만 탔습니다.
→ _____

(3) 이 선생님이 며칠 전 교통사고를 당했답니다. 크게 다치지 않아서 다행입니다.
→ _____

(4) 최영준 씨가 암에 걸려서 병원에 입원했는데, 앞으로 병원비가 많이 들 것이라고 합니다. 다행히 저축한 돈이 조금 있습니다.
→ _____

(5) 오늘은 어머니의 생신입니다. 나는 그동안 어머니의 속을 많이 썩였습니다. 그래서 오늘만이라도 마음을 편히 해 드리고 싶습니다.
→ _____

(6) 아프리카의 일부 지역에는 기아에 시달리는 아동들이 많다고 합니다. 저는 많은 돈은 없지만 그 아이들을 돕고 싶습니다.
→ _____

4. '-데(요)'를 사용하여 대화를 완성하십시오.

(1) ㄱ: 문수 씨 어디에 있는지 아세요?
    ㄴ: _____.
(2) ㄱ: 어떻게 해서 한국말 실력이 이렇게 늘었어요?
    ㄴ: _____.
(3) ㄱ: 어제 민수 씨한테 바람맞았다면서요?
    ㄴ: _____.
(4) ㄱ: 성우 씨랑 단짝이잖아요. 그런데 어쩌다가 싸우게 되었어요?
    ㄴ: _____.
(5) ㄱ: _____.
    ㄴ: 어디 여행 갔나 봐요.
(6) ㄱ: _____.
    ㄴ: 원래 그 지방은 비가 많이 와요.

5. 다음에 대해 이야기해 보십시오.

(1) 우리가 사용하고 있는 일회용품의 종류를 생각해 보고, 일회용품 사용의 장단점에 대해 이야기해 보세요.

(2) 공해의 종류에는 어떤 것들이 있습니까?
(3) 환경오염 방지를 위해 일상생활에서 할 수 있는 것에는 어떤 것들이 있을까요?
(4) 한국에서는 환경오염을 막기 위하여 쓰레기를 줄이기 위한 수단으로 쓰레기 종량제와 쓰레기 분리수거를 실시하고 있습니다. 어떤 것인지 구체적으로 알아본 후 이야기해 보십시오.

6. 환경파괴로 인해 야기된 여러 가지 문제들 자료 읽기.

　　서울의 대기오염이 심각하다. 최근 한낮에도 하늘이 뿌옇게 흐려 보이는 스모그 현상이 계속되면서 마른 기침 등 호흡기 질환을 호소하는 시민들이 크게 늘고 있다.
　　12일 환경부와 기상청에 따르면 지난 달 28일부터 6월 2일까지 6일 동안 스모그 현상이 계속되는 등, 서울 지역의 대기오염은 이미 위험 수위를 넘어선 것으로 나타났다. 지난 5월 서울 지역에 스모그 현상이 나타난 날은 모두 14일로, 이는 지난 해에 비해 5일이나 늘어난 것이다. 특히 서울 일부 지역에서는 지난 8, 9일 이틀 연속 오존주의보가 내려지기도 했다.
　　서울 대기오염의 주범은 자동차 배기가스 중의 미세먼지와 이산화질소이다. 이 같은 오염물질이 햇빛과 반응해 스모그 현상으로 나타나게 된다. 자동차 배기가스 중 특히 버스, 트럭, 화물차 등 경유 차량에서 주로 발생하는 미세먼지는 기관지염, 폐렴 등을 일으키는 위험물질로 지목되고 있다.
　　이에 대해 한 호흡기 내과 전문의는 최근 심각한 대기오염의 영향으로 연중 감기 환자가 끊이지 않고 있다면서 스모그 현상이 나타날 때는 자동차 통행량이 많은 도심출입을 가급적 삼가는 것이 좋다고 말했다.

7. 환경오염의 심각성을 고발하고, 이를 해결할 수 있는 방법을 제시하는 글을 써 보십시오.

8. 다음 문장을 한국어로 번역하십시오.

(1) 上午牙还不疼呢，现在快疼死了。
(2) 雨再这么继续下，会发洪水的。
(3) 要是不能经常见面，经常发个邮件也好啊。
(4) 我上周来过这家餐厅，这里的冷面很好吃。
(5) ——青青的韩国语不错吧？
　　——是啊，一年前还不能用韩国语对话呢，现在都能听懂韩国语新闻了。
(6) 你这样不好好吃饭身体会变弱的。

（7）——现在北京的地铁交通很便利吧？
　　　——是啊，十年前还只有一号和二号线呢。
（8）听说世民在国外旅行的时候被小偷偷了，不过幸好护照没有丢。
（9）你再这样玩下去，以后会后悔的。
（10）——听说青青去韩国出差了？
　　　——她在家啊，我刚见过她。

【보충단어】

가급적（名）	尽量	경유（名）	①柴油 ②轻油
기관지염（名）	气管炎	기아（名）	饥饿
단짝（名）	挚友	미세먼지（名）	微细尘埃
방지（名）	防止	배기가스（名）	排出的废气
보급되다（自）	普及	삼가다（他）	节制，注意
시달리다（自）	受煎熬，折磨		
쓰레기 종량제（名）	按所扔垃圾的量计费的方式		
알거지（名）	穷光蛋	얼어죽다（自）	冻死
연속（名）	连续	오염물질（名）	污物
오존주의보（名）	臭氧警报	운항되다（自）	航运，航班运行
위험 수위（名）	危险水位	이산화질소（名）	二氧化氮
재산을 날리다（词组）	倾家荡产	정면충돌（名）	正面冲突
주범（名）	主犯	지목되다（自）	被指名
큰코다치다（词组）	大丢面子		
펑펑 쏟아지다（词组）	纷纷，纷飞（下雪貌）		
폐렴（名）	肺炎	폭발（名）	爆发
필름이 끊어지다（词组）	（因喝酒）神智不清		
함부로（副）	随便，胡乱	호흡기 내과（名）	呼吸内科

속담

닭 잡아먹고 오리발 내민다.

这句话的字面意思是"杀了鸡吃却拿出鸭爪"。比喻妄图蒙混过关。

한국인과 호랑이

"옛날 옛날 호랑이가 담배 피우던 시절에~"
한국의 옛 이야기는 종종 이렇게 시작된다. 아주 오랜 옛날을 뜻하는 이 구절 속에 호랑이가 나온다. 왜 그럴까? 한국은 국토의 70% 가량이 산으로 되어 있다. 산이 유난히 많은 한국에는 예로부터 다양한 동물들이 많이 서식했다. 그 중에서도 단연 호랑이가 많았다. 주로 백두산 호랑이였는데 시베리아 호랑이라고도 불리었다. 이런 호랑이를 한국인들은 무서워하기도 했지만 친근하고 익숙하게 생각했다. 그래서 1988년 서울 올림픽에서는 한국을 상징하는 것으로 호랑이를 선택해 올림픽 마스코트인 '호돌이'를 만들기도 했다.

호랑이에 관한 최초의 이야기는 삼국유사 권1 고조선 조에 나온 '단군신화'이다. 옛날에 사람이 되고 싶어하는 곰과 호랑이가 있었다. 계율을 지킨 곰은 사람이 되었고, 끈기 없는 호랑이는 그러지 못했다. 결국 곰은 웅녀(熊女)가 되어 하늘의 아들인 환웅과 혼인하고 단군을 낳았다. 그 단군이 건설한 나라가 바로 고조선, 한국의 시작이다. 이 이야기 속 호랑이는 착하기는 하지만 참을성이 없다. 하지만 한국의 시작에 호랑이가 함께 했음을 보여준다. 또 다른 역사문헌 속의 기록을 보면 호랑이는 무섭고 두려운 대상이기도 하지만, 신비하고 슬기로운 동물로도 인식되었다. 그 외에도 민화(民畵)들 속 호랑이는 익살스럽고도 친근한 모습으로 나타나기도 한다. 이렇게 호랑이는 오랜 세월동안 한국인과 희로애락을 함께 해 왔다.